Kai Brodersen (Hrsg.)

Gebet und Fluch, Zeichen und Traum

Antike Kultur und Geschichte

herausgegeben von

Prof. Dr. Kai Brodersen
(Universität Mannheim)

Band 1

LIT

Kai Brodersen (Hrsg.)

Gebet und Fluch, Zeichen und Traum

Aspekte religiöser Kommunikation in der Antike

LIT

Die Deutsche Bibliothek – CIP-Einheitsaufnahme

Brodersen, Kai (Hrsg.):
Gebet und Fluch, Zeichen und Traum : Aspekte religiöser Kommunikation in der Antike / Kai Brodersen (Hrsg.). – Münster : Lit, 2001
(Antike Kultur und Geschichte ; 1.)
ISBN 3-8258-5352-7

Grevener Str. 179 48159 Münster Tel. 0251–23 50 91 Fax 0251–23 19 72
e-Mail: lit@lit-verlag.de http://www.lit-verlag.de

Inhalt

EINFÜHRUNG

THEORIE UND METHODE

GEBET

FLUCH

ZEICHEN

TRAUM

ANHANG

Einführung

Die Lebenswelten der Antike sind in vielfältiger Weise von religiöser Kommunikation geprägt. Durch sie suchen Individuen wie auch Gruppen und ganze Staatswesen, ihre Intentionen auf eine für antike Gesellschaften charakteristische Weise in Wirklichkeiten umzusetzen. Die Analyse von religiösem Handeln als kommunikativen Akten eröffnet daher die Möglichkeit, den Wirklichkeitsraum in antiken Gesellschaften auszuloten.

Den Ausgangspunkt eines jeden Kommunikationsmodells bildet die Beziehung zwischen dem *Adressanten*, der ein Signal aussendet, und dem *Adressaten*, der letzteres – etwa als Information oder Handlungsanweisung – wahrnimmt; der *Empfänger* des Signals muß dabei nicht mit dem Adressaten identisch sein. Nach einem einleidenten Kapitel zu Theorie und Methode, in dem das Kommunikationsmodell genauer untersucht wird, berücksichtigen die Beiträge in diesem Band sowohl den chronologischen Aspekt als auch das Verhältnis von individuellem und kollektivem Handeln: Gebete und Flüche sind aus der gesamten Antike bekannt, speziell Fluchtafeln aber vor allem aus der griechischen Welt; Zeichen kennt vorwiegend die (Mittlere und Späte) Römische Republik, Träume gewinnen als Herrscherträume in der Kaiserzeit Bedeutung für die Gemeinschaft.

Belege aus dem **antiken Griechenland** erhellen die Frage religiöser Kommunikation durch Gebet und Fluch. Beides sind an sich hochindividuelle Kommunikationsformen, in der sich der/die Einzelne meist nur die Umsetzung von Intentionen in seiner/ihrer eigenen "kleinen" Wirklichkeit erwartet.

Beim **Gebet** in der griechischen Antike erfolgt die Kommunikation "von unten nach oben": Man läßt den Göttern Botschaften und Bitten zukommen. (Im Einzelfall können freilich die Intentionen der Kontaktaufnahme über die unmittelbare Bedeutungsebene hinausgehen und auch höchst irdische Empfänger betreffen.) Für das Verständnis der religiösen, sozialen und vielleicht auch politischen Funktion des Gebets ist die Feststellung der jeweils Agierenden unerläßlich. Es zeigt sich dabei, daß religiöse Mittler für die Kontaktaufnahme mit den Göttern zumeist nicht benötigt werden; vielmehr wendet sich der/die Einzelne mit den privaten Anliegen an die Götter, wann und wo er/sie will. Bei offiziellen Anlässen hingegen, wenn im Namen einer bestimmten Gruppe oder der Polis gesprochen wird, übernehmen Repräsentanten, der Rangälteste oder die Inhaber des jeweiligen Polispriesteramts die Funktion. Für den Erfolg eines Gebetsanliegens gibt es einige Voraussetzungen, die in der griechischen Gottesvorstellung begründet sind: Die Gottheit muß dazu gebracht werden zuzuhören, anwesend zu sein. Entsprechend gehört zum Gebet die Aufforderung an den Gott "Höre und komm herbei!" Auch die richtige und wohlgefällige Anrede der Gottheit mit ihrem Namen und eventuell spezifischen Beinamen gehört meist zum Gebet; die genaue Formulierung bleibt jedoch dem Beter im Einzelfall überlassen. Verbindliche "Gebetbücher" gibt es nicht, feste liturgische Formeln nur in Ausnahmefällen (Mysterien). Die Möglichkeit zum Gebet besteht überall, aber bestimmte Orte legen Zeugnis ab, daß hier offenbar die Botschaft den göttlichen Adressaten besser erreicht als anderswo: die Heiligtümer. Zur Bitte an die Götter, zum religiösen Wort, gehört fast immer die religiöse Aktion: Gebet und Geschenk (z.B. Opfer, Weihgeschenk, Stiftung eines Hymnos) gehen eine enge Verbindung ein; Reziprozität ist wohl das wichtigste Element im Verhältnis der betenden Griechen zu ihren Göttern. Doch bewirken äußerliche Faktoren, daß es sich auch bei privaten Gebeten nicht um eine reine Privatsache handelt: Die griechische Antike betet laut; nicht nur die Götter hören zu, sondern auch die Angehörigen und Mitbürger sind Zeugen. So wird soziale Kontrolle ausgeübt. Betet jemand still oder murmelt nur, so riskiert er den Verdacht, er bitte die Götter um der Polis abträgliche Dinge. Der Brauch des lauten Betens gibt dem Sprecher jedoch auch ausgesprochen vorteilhafte Möglichkeiten der Selbstdarstellung zur Erhöhung des Sozialprestiges, aber auch zur Definition von Gruppenzugehörigkeiten: Wer betet mit wem und für wen? In Krisensituationen ermöglicht lautes Beten es den Führungspersönlichkeiten zudem, ihre gute Beziehung zu den Göttern und damit die Wahrscheinlichkeit des Erfolgs nach außen zu demonstrieren. Eine Erhörungsgarantie gab es jedoch in keinem Fall; im offiziellen Kult hatte Magie nirgendwo Platz, geschweige denn Akzeptanz. Die Götter der Polis ließen sich nicht zwingen.

Der **Fluch**, als "Brief in die Unterwelt" auf kleinen Bleitafeln aufgeschrieben und im verborgenen deponiert (und deshalb erhalten), ist in der griechischen Welt seit der archaischen Zeit vielfältig bezeugt und begleitet etwa Rechtshändel und Konkurrenzverhältnisse im Wirtschaftsleben, in Sport und Spiel, aber auch in der Liebe. Man hat gemeint, daß beim Fluch "Sender und Empfänger identisch", mithin "die Botschaft nur für das eine agierende Individuum bedeutsam" sei, mithin gar keine Kommunikation vorliege. Doch zeigt sich, daß wie das Gebet auch der Fluch allen Adressanten zur Verfügung stand und die Adressaten zumindest indirekt zu erreichen vermochte: Wie beim Gebet wendet sich auch beim Fluch das Individuum an eine oder mehrere Gottheiten, hier nicht in einer Kommunikation von "unten nach oben", sondern gleichsam einer von "unten nach ganz unten": Empfänger dieser "Brief in die Unterwelt" sind Gottheiten und Mächte der Unterwelt, die den Kontrahenten des oder der Fluchenden als eigentlichen Adressaten des Kommunikationsprozesses schaden oder ihre Lebenswelt in anderer Weise beeinflussen sollen. Wie beim Gebet bedarf es auch beim Fluch lange keiner besonderen Kodierung, keines Vorsprechers oder Vorformulierers, keines hochspezialisierten Formulars; daß stets feststehende Rituale erforderlich gewesen seien, ist den Quellen lange nicht zu entnehmen. Und wie beim Gebet ist diese Form religiöser Kommunikation nicht an bestimmte Orte und Zeiten gebunden, wenngleich ganz offenbar Orte bevorzugt wurden, die einen besonders guten Zugang zu den Unterweltsgottheiten versprachen. Im Unterschied zum Gebet nämlich war diese Form religiöser Kommunikation ganz und gar nichtöffentlich; ja, die Wirkung des Fluch gilt nur dann als wahrscheinlich, solange er Dritten, insbesondere den Adressaten als den "eigentlich" Gemeinten verborgen bleibt; offenbar deshalb wird meist die schriftliche statt der laut gesprochenen mündlichen Form gewählt.

Eine überindividuelle Bedeutung erhält diese Form religiöser Kommunikation durch ihre weite Verbreitung (es gibt Indizien dafür, daß nahezu alle Menschen der Antike Flüche benutzten oder aber sich vor Flüchen schützten): Da sich der "Staat" der griechischen Antike als ein Verband von Individuen konstituiert, zielen Flüche oft auch auf "staatliche" Wirklichkeiten, so nicht zuletzt in der Selbstverfluchung des Staates in der (jeweils wiederum auf Individuen bezogenen) Eidesformel, die einer eigenen Untersuchung bedürfte.

Beim **Zeichen** in der **Römischen Republik** ist nicht mehr jeder einzelne an dieser religiösen Kommunikation beteiligt; vielmehr wird das Prodigium von Repräsentanten des Staates erst durch die Anerkennung als solches zum relevanten Zeichen gemacht und gedeutet. Solche Prodigien lassen sich definieren als ungewöhnliche Geschehnisse, die den Zorn der Götter verkündeten; daher waren sie stets ungünstige Zeichen. Sie ereigneten sich zu einem beliebigen Zeitpunkt innerhalb eines Jahres, bezogen sich nicht auf eine bestimmte Person, sondern auf die gesamte *res publica*, sagten keine zukünftige Entwicklung voraus und wurden zu Beginn des neuen Jahres vom Staat aus kollektiv entsühnt. Sender der Zeichen müssen die Götter sein; der Schwerpunkt für die Römer lag jedoch auf den Empfängern. Wir können folgendes Modell der Kommunikationswege rekonstruieren. Die Magistrate waren die Vertretung des Volkes, das sich selbst nicht zu artikulieren vermochte, während die Priester analog dazu als die Vertreter der Götter agierten, die sich ebenfalls nicht direkt an die Menschen wenden konnten, da die Zeichen nicht von jedem verstanden wurden. Hierbei erweist sich der Senat, in dem weltliche und geistliche Kompetenzen repräsentiert waren, als Schnittstelle zwischen der *res publica* und den Göttern. Kommunikation läßt sich auch bei der Herkunft der Prodigien aufzeigen. Ein großer Teil der Zeichen kam aus Städten in Mittelitalien; dadurch, daß in Rom die Vorzeichen aus diesen Städten behandelt wurden, zeigten die Römer einerseits, daß sie sich um die Belange der Verbündeten kümmerten, zugleich aber unterstrichen sie gerade durch die Zentrierung auf Rom ihren Machtanspruch. Einige Prodigien wie Hochwasser, Seuchen oder militärische Niederlagen stellen selbst schon eine Katastrophe dar. Dabei drücken Zeichen, auch wenn sie nicht bereits für sich eine Katastrophe (Hochwasser, Niederlage) darstellen, durchweg differenzierte

Befürchtungen aus, Ängste vor dem Krieg oder vor Einbrüchen im System der Fortpflanzung und im bäuerlichen Leben.

Schließlich sind alle Prodigien als die Überschreitung einer Grenze zu verstehen. Es geht also nicht um einzelne Motive, sondern um strukturelle Gemeinsamkeiten der Prodigien: Hermaphroditen etwa transgredieren die Grenzen zwischen den Geschlechtern, eine Mißgeburt wie ein Knabe mit dem Kopf eines Elefanten stellt die Vermischung von Mensch und Tier dar; ein Wolf, der in die Stadt eindringt, hebt die durch die Stadtmauern und das Pomerium definierten Grenzen zwischen innen und außen auf. Hier erweist sich das Konzept der Liminalität als entscheidend zum Verständnis der Prodigien: Grenzgängern aller Art wird immer eine besondere Bedeutung zugeschrieben. Sie verletzen die Regeln und stellen eine Bedrohung dar, die im Falle des römischen Prodigienwesens als Zeichen des Zornes der Götter gelten. Die Entsühnungsriten lassen sich zum einen als eine Möglichkeit zur Bewältigung von Unglück interpretieren, zum anderen erweisen sie sich als Mittel zur Förderung der Identifikation und Verbundenheit innerhalb des Gemeinwesens. Die Zeichen und ihre Entsühnung korrespondierten also nur auf einem abstrakten Niveau: Waren die Prodigien Ausdruck der Verletzung und Überschreitung einer Grenze, so wurden die Grenzen durch die Riten wiederhergestellt. Adressaten dieser Riten waren natürlich die Götter, doch es geht hier immer vor allem um die Sekundäradressaten: um die Menschen. Insgesamt erweist sich das Prodigienwesen bei aller Vergleichbarkeit mit anderen Divinationsformen als ein nur in der römischen Republik eingeschlagener Sonderweg im Umgang mit Vorzeichen.

Mit dem Aufkommen monarchischer Strukturen in Rom wurden Prodigien durch Omina für den Herrscher ersetzt, in der **römischen Kaiserzeit** vor allem durch **Träume** der Herrscher. Träume sind Teil der Lebenswelt. Das Traumgeschehen war individuell, ohne Zeugen, also nicht-öffentlich und mußte durch professionelle Traumdeuter oder anhand spezieller Bücher in die Wachwelt "übersetzt" werden; konkurrierende Interpretationen waren möglich, da es keine autoritative Deutungsinstanz gab. Träumen konnte prinzipiell jeder, und ebenso konnte jeder von seinen Träumen berichten. Bei Historikern und Biographen finden sich Träume, die einem klaren Selektionsprinzip unterworfen waren: Aufgenommen wurde nur, was relevant erschien; dem entspricht der Grundsatz, daß die Glaubwürdigkeit des Traumes untrennbar mit dem Sozialstatus des Träumenden verknüpft war: Träume waren alles andere als ein diskreditiertes Unterschicht-Phänomen. Die Traumwelt war Teil der Wirklichkeit. Zwischen Caesar und Konstantin wurden fast jedem römischen Kaiser Träume zugeschrieben; durch den Zufall der Überlieferung haben sich ungefähr 120 erhalten. Sie lassen sich am besten durch eine Strukturierung des Materials nach Motiven erfassen. Sechs Rubriken sind zu unterscheiden: (1) Im Traum wurde die künftige Bedeutsamkeit des Protagonisten den Eltern oder anderen Personen bereits vor seiner Geburt oder während seiner Kindheit angekündigt. (2) Im Traum erging eine Voraussage der baldigen Übernahme der Herrschaft. (3) Im Traum vor einer Schlacht wurde dem Kaiser der Sieg bedeutet. (4) Im Traum spiegelte sich die konkrete Ausübung der Herrschaft wider. (5) Im Traum wurde die besondere Befähigung und göttliche Begünstigung des Kaisers herausgestellt. (6) Im Traum erfuhr das nahende Ende des Kaisers eine eindrucksvolle Ankündigung. Dabei waren Träume eine "normale" Alltagserfahrung, die jedem zuteil werden konnte und an der die Gesellschaft der römischen Kaiserzeit auf allen Ebenen großes Interesse zeigte. Sie provozierten bei Träumenden und Sekundäradressaten Reaktionen zwischen Angst und Bestätigung. Voraussetzung hierfür war das Bewußtsein, daß Träume als göttliche Botschaft etwas über die Zukunft aussagen konnten, unabhängig von Art, Inhalt und Ort, an dem geträumt wurde. Gleichzeitig konnten Träume aber auch "exzeptionelle" Situationen markieren oder außergewöhnliche Ereignisse ankündigen, etwa die Voraussage der Herrschaft für einen Prätendenten oder eines Dynastiewechsels, außerdem die Ankündigung von Geburt und Tod des Kaisers. Diesen Träumen wurde Aufmerksamkeit und Verbreitung zuteil, weil sie sich auf privilegierte Träumer bezogen, deren Träume nachhaltige Konsequenzen für viele andere nach sich ziehen konnten. Freilich ware es schwierig, Träume verläßlich zu interpretieren, zumal es keine Deutungsinstanz mit Autorität und keine Möglichkeit gab, vor der Erfüllung des Traumes zu herauszufinden, ob die Deutung zutraf. Dies führte dazu, daß ein erheblicher Spielraum für die Konstruktion von Träumen entstand, um damit politische Ziele zu verfolgen, etwa die Kommunikation von Meinungen, die Schaffung von Akzeptanz und die Legitimierung der eigenen Ziele. Die einzige Bedingung bestand darin, daß Strukturen und Konventionen des Traums überzeugend aufbereitet wurden; dies war quasi jedem möglich, ebenso bei entsprechendem Inhalt die Verbreitung. Den römischen Kaisern, ihren Helfern, Günstlingen und vor allem auch Gegnern war dies überaus bewußt, erwiesen sie sich gerade bei diesem ambivalenten Medium als wahre Meister. Mit den christlichen Kaisern liegen zwar neue Spezifika in der Traumsymbolik oder in den Inhalten der Traumaufträge vor, doch zeigt sich auch vor geänderten Rahmenbedingungen (Prinzipat / Dominat; paganer Polytheismus / christlicher Monotheismus; kultische Verehrung des Kaisers / Kaiser als Stellvertreter und Diener Gottes) eine hohe Kontinuität der Traummotive.

So wollen wir mittels der Betrachtung von Gebet und Fluch, Zeichen und Traum Aspekte religiöser Kommunikation in antiken Staatswesen erhellen und so anhand eines systematisch wenig beachteten Bereichs antiker Mentalitäten zu Erkenntnissen über die historische Anthropologie antiker Gesellschaften und der in ihnen gegebenen Handlungsräume beitragen.

Dank

Unsere Überlegungen wurden erstmals auf dem 42. Deutschen Historikertag in Frankfurt/Main vorgestellt[1] und von den vielen anwesenden Kolleginnen und Kollegen engagiert diskutiert. Nicht zuletzt dank dieser und weiterer Anregungen haben wir unsere Beiträge für die Publikation neu fassen können und legen sie nun der Fachwelt vor.

Verweise auf die Forschungsliteratur werden in den Beiträgen nur mit dem Autoren- oder Herausgebernamen, Erscheinungsjahr und ggf. Seitenzahl gegeben; die vollständigen bibliographischen Angaben sind am Ende des Bandes zusammengestellt.

Als Herausgeber danke ich dem LIT-Verlag, namentlich Alexander Heck, für die Betreuung des Bandes sowie Karen Piepenbrink für das Mitlesen der Korrekturen. Vor allem aber danke ich Veit Rosenberger, Jörg Rüpke, Tanja S. Scheer und Gregor Weber für die spontane Bereitschaft zur Mitarbeit an diesem Projekt und für die stets gute Zusammenarbeit.

Wir alle hoffen, daß das Buch wichtige Aspekte religiöser Kommunikation in der Antike erhellt und so zu einem vertieften Verständnis antiker Lebenswelten beiträgt.

z.Zt. Department of Classics, University of Newcastle *Kai Brodersen*

1 Vgl. den Berichtsband: Intentionen - Wirklichkeiten: 42. Deutscher Historikertag, München 1999, 70-74.

Antike Religionen als Kommunikationssysteme

Jörg Rüpke

1 Die Frage nach religiöser Kommunikation

Religionen spielen in den antiken Gesellschaften unstrittig eine große Rolle. Will man diese Rolle näher bestimmen, stellen sich aber schnell Schwierigkeiten ein. Antike Religiosität ist eher diffus als organisiert; weder im Zugriff auf Tempel, Priester noch in antiquarischen Schriften bekommt man umfassende Strukturen zu fassen.[1] Damit wird es aber dem Althistoriker, dem historischen Anthropologen und dem kulturwissenschaftlich orientierten Religionswissenschaftler schwierig, das Wechselspiel von Religionen und anderen gesellschaftlichen Bereichen genau zu beschreiben. Eine fehlende Ausdifferenzierung von Religion festzustellen trifft zwar Richtiges und warnt davor, Fragen falsch zu stellen, hilft aber im Konkreten nicht weiter, wie sich an einigen Beispielen zeigen läßt.

Aus mythischen Genealogien und ikonographischen Elementen einen "Glauben" als Essenz einer Religion herauszudestillieren ist kein methodischer Zugriff, der für die Antike fruchtbar wäre. Der aus dem Begriffsapparat des Christentums genommene "Glauben" ist ein für die Beschreibung nichtchristlicher Religionen weitgehend diskreditierter Begriff; er wählt eine Form religionsinterner Reflexion als Vergleichsebene, die sich vor allem der besonderen Situation eines auf Dauer gestellten, professionalisierten Apparates "theologischer" Spezialisten im Christentum verdankt.[2]

Auf ähnliche Probleme stößt ein weiterer Zugang: Spätestens am Ende des 19. Jh.s war es üblich geworden, anstelle der individuellen Erfahrungs- und Vorstellungswelt das geordnete Handeln und allenfalls die kollektiven Wertvorstellungen antiker Religionen zu betonen. In der Konstruktion eines rechtlich strukturierten Handlungsgefüges "römische Religion" ging kaum zufällig der schlesische Katholik Georg Wissowa – freilich auch Schüler des zur Verrechtlichung neigenden Theodor Mommsens – am weitesten.[3] Wer hier deutlich gegen den Strom schwamm, tat das aus geradezu anachronistischen (William Warde Fowler) oder schon missionarischen Interessen (Walter

---

1 Zum Problem der fehlenden religiösen "Identität" s. Gladigow 1997.

2 Zum religionsgeschichtlichen Phänomen von Theologie s. von Stietencron 1986; zum Zusammenhang von Theologie und Professionalisierung Gladigow 1995, 23; 1992, 22f.

3 Dazu Durand / Scheid 1994; Scheid 1987.

F. Otto, Ulrich von Wilamowitz-Moellendorff) heraus.[4] Der Primat des Handelns läßt jedoch unterschiedliche Perspektiven zu. Mit Walter Burkert kann man stammesgeschichtlich nach den funktionalen biologischen Verhaltensprogrammen fragen, die den stereotypen Handlungssequenzen ritualisierten Verhaltens zu Grunde liegen.[5] Hier bleibt aber die Frage nach dem verbliebenen oder neu hinzugewachsenen expressiven Wert solcher Rituale, nach ihrer kulturinternen "Bedeutung" offen. Diese Frage wird von der extremen Position, die Frits Staal für die vedische Religion formuliert hat, nicht einmal zugelassen: Ritual ist kein mehr oder weniger geeigneter Träger einer "Bedeutung" jenseits seiner selbst, sondern ein komplexes, aber regelhaftes Spiel, das sich in der Durchführung und Variation der eigenen Logik[6] bereits erschöpft.[7]

Ohne Zweifel verfehlt man die Realität, wenn man das Handeln und Erleben von Handeln nicht in den Vordergrund stellt. Antike Religionen sind aber nicht stumm. Es wird gesprochen, gelegentlich auch geschrieben, außerhalb von Ritualen, in Ritualen und über Rituale. Das Verhältnis von Reden und Handeln ist durchaus nicht immer klar, es geht selten in der Augustinischen Formel vom Hinzutreten des Wortes zur Sache als konstitutiv für das Sakrament auf.[8] Für das Verhältnis von Mythos und Ritual ist das Problem seit Jane Harrison und der Cambridger Myth-and-ritual-school intensiv diskutiert worden;[9] darüber hinaus nur wenig.[10] Dennoch ist schon

---

4 Fowlers Ansatz bei der "religiösen Erfahrung des römischen Volkes" (1911) wurde in der angelsächsischen Forschung verbreitet zur Kenntnis genommen; Wilamowitz' Arbeit erfuhr dagegen in der einschlägigen Fachdiskussion keine Resonanz (vgl. zum Dialog von Wilamowitz und Martin Person Nilsson: Bierl / Calder 1991; zum wissenschaftsgeschichtlichen Ort s.a. Henrichs 1985; Gladigow 1992, 17; 1997). Zu W.F. Otto s. Cancik 1998, 139-186; das Problem wird in dem Tübinger Dissertationsprojekt von Hubert Mohr in allen Facetten aufgearbeitet.

5 Für die griechische Religion seit dem *Homo necans* (Burkert 1972) betont; allgemeiner 1979 und zuletzt Burkert 1996 (dazu Phillips 1998).

6 Die freilich existiert und ist viel zu wenig beachtet worden, wie das u.a. von Thomas Lawson (Kalamazoo) durchgeführte Forschungsprogramm zeigt, das empirisch, unter Laborbedingungen, die Kompetenz untersucht, Ritualsequenzen zu erfinden oder fortzuführen.

7 Staal 1979; 1988 (dazu *Religion* 21, 3 [1991], 205-234); 1992.

8 *Accedit verbum ad elementum et fit sacramentum, etiam ipsum tamquam visibile verbum* (Augustinus, In evangelium Iohannis tractatus 80, 3). Zum antiken Sakramentenbegriff und zur Wirkungsgeschichte der Formel des Augustinus s. Rüpke 2001b. In jüngerer Zeit ist es vor allem der katholische Theologe Alexander Ganoczy gewesen, der die Sakramente als Teil eines Kommunikationssystems zwischen Gott (der als christlich-trinitarischer bereits in sich selbst kommunikativ strukturiert sei) und den Menschen beschrieben hat (Ganoczy 1979, 106ff.; dazu Hempelmann 1992, 147f.).

9 Harrison 1903; zur Forschungsgeschichte s. Ackerman 1991.

10 Wichtig ist die eingehende Analyse, der Köves-Zulauf (1972) die Auseinandersetzung des älteren Plinius mit dem Problemkreis unterzogen hat. Zu einem weiten Begriff von "theologischer" Literatur bei den Römern s. Scheid 1990, 1992, 1994 und Beard 1985, 1991, 1998; Phillips 1992. In jüngster Zeit ist das Gebet monographischen

deutlich geworden, daß man weder die kognitiven Dimensionen ritualdominierter Religionen[11] noch auch die kommunikative Funktion der Rituale selbst[12] unterschätzen darf.

In dieser Situation und (in gewisser Weise wiedergewonnenen) neuen Perspektive stellt sich die Frage nach dem methodischen Zugang, nach dem Ansatzpunkt um so dringlicher. Hartmann Tyrell hat in einem theoretischen Beitrag für den von ihm mitherausgegebenen Band, der den programmatischen Titel *Religion als Kommunikation* trägt (an den ich mich selbst mit meiner Titelformulierung angelehnt habe), auf einige theoriegeschichtliche Fakten hingewiesen, die – obwohl primär auf die Religionssoziologie im engeren Sinne gemünzt – auch für die Erforschung antiker Religionen relevant sind.

Die lange Dominanz von Handlungstheorien im Hintergrund religionssoziologischer Ansätze hat einen (unausgesprochenen oder expliziten) methodischen Individualismus begünstigt, der die Intentionen des handelnden Subjekts stark in den Vordergrund rückte und den gesellschaftlichen Kontext oft nur wissenssoziologisch, das heißt als den internalisierten Anteil kollektiven Wissens erneut nur im Gehirn des handelnden Individuums einbezieht.[13] Insofern bleibt selbst dann, wenn – wie es für antikes religiöses Handeln typischerweise der Fall ist – traditionales Handeln in den Vordergrund gestellt wird, das "Sozialitätsdefizit"[14] des Handlungsbegriffes erhalten. Gerade für die Analyse antiker Verhältnisse gerät dieser Zugang zugleich in die Gefahr, sehr statisch zu werden: Man konzentriert sich dann auf die Reproduktion explizit normierter oder geradezu stammesgeschichtlich (biologisch) zugewachsener Rituale. Im Rahmen des Rituals scheitert eine solche bloß als Ausführung vorgegebener Programme gedachte Reproduktion zwar gelegentlich, ist aber ansonsten nicht auf Veränderung angelegt.[15]

Positiv bleibt festzuhalten, daß ein Zugang über den Handlungsbegriff etwa mit dem aus der Sprechakttheorie (Searle, Austin) gewonnenen Begriff des performativen Sprechens in Übereinstimmung mit kulturinternen Systematisierungen (ich denke an den Bereich juristischen Formelguts, so in den verschiedenen *legis actiones*, aber auch anderen Prozeßformen) den unterschied-

---

Behandlungen unterzogen worden: Pulleyn 1997 für das Griechische; ebenso, aber im Horizont des Neuen Testaments Fenske 1997. Eher den Charakter einer Materialsammlung hat Kiley u.a. 1997. Einen mentalitätsgeschichtlichen Zugang wies der einschlägige Beitrag in Versnel 1981 auf. Den Bedarf und das Ausmaß pragmatischer und deutender Diskussion hat Binder (1997) am Beispiel der stadtrömischen Luperkalien (ein jährliches Ritual am 15. Februar) des Jahres 44 v.Chr. untersucht.

11 Siehe etwa Rüpke 1997.

12 Für den Herrscherkult im Imperium Romanum: Price 1984; für das Prodigienwesen Gladigow 1979, MacBain 1982 und Rosenberger in diesem Band.

13 Siehe Tyrell 1998, 129f.

14 Tyrell 1998, 115.

15 Das Scheitern führt im Normalfall lediglich zur Verpflichtung zur Wiederholung. Zu Innovationen etwa durch Radikalisierung s. Rüpke 1996.

lichen Verpflichtungscharakter von sprachlichen Äußerungen unterstreichen kann. Gerade für die stark metaphorische religiöse Sprache und ihre oft empirisch nicht überprüfbaren Referenzen bleibt das bedeutsam. Daneben kann ein Begriff wie "intellektuelle Rituale"[16] der Überschätzung des kognitiven gegenüber dem sozial-expressiven Gehalt von Textaufführungen vorbeugen.

Zumal unterhalb der Ebene einer umfassenden soziologischen Theorie von Religion schließt die fundamentale Option für Handlungen als strukturbildendes Element die Konzentration auf phänomenologisch explizite Kommunikation nicht aus. Zwar ließe sich die klassische christliche Trias von Gebet, Schriftlesung und Predigt in dieser Bedeutung nicht im vor- und nichtchristlichen antiken Material wiederfinden,[17] aber das beruht vor allem auf einer Konzentration der religionsgeschichtlichen Forschung auf wenige "siegreiche" mündliche Gattungen religiöser Rede. Die Befunde ließen sich durch das von Fritz Stolz formulierte Programm der unterschiedlichen "Kodierungsformen" religiöser Kommunikation[18] leicht erweitern: Damit rückten auch bildliche und rituelle Symbole, das heißt Handlungen, in den Blick. Der Einwand, den man gegen einen solchen Zugang formulieren muß, lautet: Mit der Konzentration auf "die religiöse Botschaft und ihre Darstellung"[19] ist bereits eine enorme Einschränkung hinsichtlich des Umfangs der analysierten Kommunikation vollzogen und zudem eine "vermittlerzentrierte" Kommunikationsstruktur schon unterstellt.

Einen viel radikaleren Ansatz böte die Systemtheorie Niklas Luhmanns, der Kommunikationen zu den Elementarbausteinen sozialer Systeme erhebt.[20] Diese Kommunikationen bestehen dabei aus einer rückgekoppelten Einheit von Information (als Selektion aus dem Wißbaren), Mitteilung (als Selektion des Ausdrucksverhaltens des Mitteilenden) und aus – eben diese Differenz wahrnehmendem und diese Wahrnehmung zu erkennen gebendem – Verständnis. Es sind die Grenzen der Ketten aus Kommunikationen und Anschlußkommunikationen, die die Grenzen sozialer Systeme, Religion eingeschlossen,[21] bezeichnen.

Es ist schwierig ein solches Theorieangebot in ein historisches Forschungsprogramm umzusetzen, das mehr als die Illustration der Theorie leisten soll. Schon von der Theorie selbst her ist festzuhalten, daß der komple-

16 Lang 1984 und 1998, 161ff.

17 Heranzuziehen ist die Diatribe: Uthemann / Görgemanns 1997. Ein Gattungsüberblick bei Berger 1984 (Übersicht). Zum Stichwort "Buchreligion" in seiner Anwendung auf die Antike s. Cancik 1995 und 1997.

18 Stolz 1988, 79ff., und 1998.

19 So die Überschrift in Stolz' *Grundzügen der Religionswissenschaft* (1988, 79; ²1997).

20 Luhmann 1987, 192ff. Als Elementarbaustein versteht er dabei die kleinste kommunikationspraktisch negierbare, und das heißt schon verstandene oder mißverstandene Einheit.

21 Luhmann 1998b, 137.

xe Kommunikationsprozeß bereits in der mitlaufenden Selbstbeschreibung zu Handlungen reduziert wird: A teilt etwas mit, B reagiert, C will mit seiner Aktivität etwas sagen.[22] Insofern ist Kommunikation nur zu erschließen, nicht als komplexer Prozeß der gegenseitigen Konstitution der Beteiligten direkt zu beobachten.[23] Wichtig erscheint mir die Konsequenz: Handlungen und ihre Zurechnung an gesellschaftliche Teilsysteme sowie – als wichtigste strukturierende Elemente von Kommunikationssystemen – die Themen der Bereichskommunikationen selbst werden erst kommunikativ konstituiert und sind entsprechend prekär. Religion ist damit auf soziale Aktivitäten festgelegt; die Bevorzugung beziehungsweise die innerreligiöse höhere Wertigkeit bestimmter Kommunikationsformen erscheint nicht als der wesensbestimmende Ausgangspunkt jeder Analyse religiöser Kommunikation, sondern als kontingente, selbst historisch gewordene Struktur reflexiver Kommunikationsprozesse.

Für das in diesem Beitrag selbst vorgelegte Analysemodell sowie die weiteren, historisch konkreten Analysen dieses Bandes bildet das Luhmannsche Konstrukt allenfalls einen metaphorischen Horizont mit heuristischer Funktion. Als solcher hält es vor allem das Bewußtsein dafür offen, daß die Einzelanalysen über sich selbst hinaus auch als Beiträge für eine Neubeschreibung antiker Religion in ihren gesellschaftlichen Kontexten gelesen (und an diesem Maßstab gemessen) werden müssen. Im folgenden ist – als ein erster Schritt – der Versuch unternommen, zunächst eine Skizze eines auf Kommunikationen beruhenden Systems "Religion" anzufertigen und – als zweiter Schritt – in der Entwicklung eines Beschreibungsmodells für bestimmte Typen von Kommunikationen die besonderen Probleme religiöser Kommunikation zu thematisieren und damit einen "technischen" Hintergrund für die vorangestellte Skizze zu erhalten. Für den ersten Schritt wähle ich als Beispiel die römische Religion, die in der Religionsgeschichtsschreibung besonders stark juridisch-statisch dargestellt worden ist und als Religion *einer* Großstadt die kulturellen Rahmenbedingungen religiösen Handelns vergleichsweise deutlich werden läßt.

2 Beispiel Rom

Sucht man nach religiöser Kommunikation im spätrepublikanischen und kaiserzeitlichen Rom, fallen drei große Komplexe auf: 1) ein großer Bereich, der um das Thema "positives Verhältnis von Göttern und Menschen und menschliches Wohlergehen" kreist; 2) der Bereich von Tod und Totenkult; 3) die Kommunikation über die Götter als solche.

Der letztgenannte Bereich umfaßt sowohl sprachliche wie bildliche Kommunikation; trotz vieler Übergänge lassen sich die beiden Zentren Mythologie

22 Luhmann 1987, 227-233.
23 Luhmann 1987, 226.

(Genealogie, Handeln und Aussehen der Götter) sowie Philosophie (vor allem als naturphilosophische Frage nach dem “eigentlichen” Wesen der Götter) unterscheiden. Der philosophische Bereich stellt ganz ein griechisches Importprodukt dar[24] und läuft entsprechend über griechische, nur im Einzelfall ins Lateinische übersetzte oder im Lateinischen neu systematisierte und paraphrasierte Texte,[25] schriftliche “Verbreitungsmedien” im Sinne Luhmanns also. Mündliche Kommunikation in direkter Interaktion von Oberschichtangehörigen wird zwar von den häufig in Dialogform verfaßten Texten fingiert,[26] dürfte aber vor allem in schulartigen Philosophengruppen, also Organisationen, zu finden gewesen sein.[27]

Demgegenüber gehört mythologische Kommunikation vielen gesellschaftlichen Räumen an. Das beginnt beim Erzählen von “Geschichten” (*fabulae*) in der Familie, geht über den bildlichen Raumschmuck gehobener Wohnhäuser[28] bis hin zu literarischen Texten, seien es mythologische Dichtungen, Mythenhandbücher (wie das dem Apollodor zugeschriebene griechische oder das lateinische des Hygin) oder nur Anspielungen auf Mythen in anderen Gattungen. Zwar gerät mythologische Kommunikation über die Götter in den Umkreis religiöser Rituale – insbesondere in der Form von Dramenaufführungen während der *ludi*, der großen Spiele[29] –, doch findet keine Anschlußkommunikation in den anderen Bereich hinein statt. Dasselbe trifft auf den philosophischen Diskurs zu: Auch wo er etwa als Gespräch unter oder mit Priestern vorgestellt wird (Ciceros *De divinatione* oder *De natura deorum*), wird

24 Eine Einführung in die Grundpositionen dieser griechischen Theologie gibt Gerson 1990.

25 Der Prozeß setzt mit den *Euhemerus* des Ennius am Anfang des 2. Jh.s v.Chr. ein (dazu Müller 1993 und Winiarczyk 1994); eine Schlüsselposition (für die Rezeption der hellenistischen Schriften sogar bis ins 18. Jh.) nimmt dann Cicero ein (s. Gawlick / Görler 1994).

26 Diese Gattung spielt seit Plato eine wichtige Rolle: Gaiser 1984; in der lateinischen Literatur tritt er aber erst mit dem juristischen Dialog des M. Iunius Brutus im 1. Jh. v.Chr. auf (Görgemanns 1997, 519).

27 Zur gesellschaftlichen Rolle von Philosophen in römischer Zeit s. Hahn 1989.

28 Dazu Zanker 1993, 199-210. Zur Funktion solcher Bilder in dem auf unterschiedliche Medien verteilten Diskurshaushalt der Bewohner s. jetzt Muth 1998.

29 Präzise formuliert werden Dramen öffentlich *nur* im Rahmen solcher *ludi scaenici* aufgeführt – zu Räumen literarischer Kommunikation allgemein s. Rüpke 2001a. Die Rolle des Dramas als Tradent der römischen Mythologie hat Wiseman mehrfach betont (1994, 1995). Diese Rolle nimmt das aus der griechischen Form entwickelte römische Drama auch für spezifisch römische Stoffe wahr, doch haben die über die Form aufgenommenen griechischen Inhalte offenbar erheblich auf den Bestand eingewirkt. Die Frage des Umfangs spezifisch römisch-italischer Elemente im tradierten Mythenvorrat ist umstritten (Einzeluntersuchungen: Bremmer / Horsfall 1987). Die Bedeutung der – lange intensiv diskutierten – Frage reduziert sich angesichts des hohen Innovationstempos in historischer Zeit (s. beispielsweise Bremmer 1993 für spätrepublikanisch-augusteische Mythenbildung).

eine Verhaltensänderung im Bereich religiösen Handelns nicht erwartet, ja nicht einmal die Negation einer solchen Erwartung.

Das anfangs an zweiter Stelle genannte Thema Tod, genauer Totengedächtnis und Totenkult, strukturiert eine Kommunikation, die sich in zum Teil aufwendigen Bestattungsriten, in späterem Kult am Grab und in Grabinschriften (die vor allem seit Augusteischer Zeit an Zahl und Verbreitung zunehmen) und ähnlichen Texten (insbesondere postume Ehreninschriften) festmachen läßt.[30] Ausgebaute Spekulationen über postmortale Existenz stehen eher am Rande,[31] zentral ist dagegen eine Kommunikation, die sich als Neukodierung von Religion verstehen läßt. Zentrale religiöse Begriffe werden durch eine auf Analogie abgestellte Duplizierungsregel umkodiert: Aus den je individuellen *Di*, den Göttern, werden die kollektiven, bestenfalls durch den Genitiv des Personennamens näher bestimmten *di manes*; für die Kaiser, deren Individualität voll erhalten bleibt, wird von *divi* gesprochen.[32] Die in das Eigentum der Götter übergegangenen *loca sacra*, auf denen die Tempelareale eingerichtet werden, finden ein Pendant in den ähnlich rücksichtsvoll behandelten und dem Kommerz entzogenen *loca religiosa* für die Bestattungen.[33] Im zeitlichen Bereich entspricht der Kalender der Festtage (*feriae, dies festi*) einer Gruppe oder eines Tempels einer Liste von *dies*, an denen Totenkult und Bankette (gegebenenfalls direkt am Grab) stattfinden sollten.[34]

Erneut ist für die republikanische Zeit eine Verbindung des Totenbereichs mit dem – noch näher vorzustellenden – Hauptbereich religiöser Kommunikation in Form von Anschlußkommunikation nicht festzustellen. Religiöses Handeln hat keine Auswirkung auf die postmortale Existenz. Für Berührungsbereiche sind Trennregeln formuliert: Die Verstorbenen stellen ein "Reinheitsproblem" dar, Bestattungen finden im Normalfall außerhalb der Stadt statt;[35] nur im Ausnahmefall, prominent in der *pompa imaginum*, dem Zug der die Vorfahren eines adligen Verstorbenen repräsentierenden Masken, treten Tote in der Stadt auf.[36] Bestimmte Priester (die Quellen sind hier unklar), insbesondere der Flamen Dialis, dürfen mit Toten gar nicht in Berührung kommen,

30 Allgemein zum antiken Bestattungswesen und Totenkult Toynbee 1971; zu den Sarkophagen Koch 1993, zu Grabbauten und ihrer Metaphorik von Hesberg 1992, zum Grabluxus Engels 1998; zu Grabinschriften: Sourvinou-Inwood 1995; Weber 1995; s. a. schon Schwarzlöse 1913.

31 Zur Bedeutung Gladigow 1976; s. a. Pekáry 1994.

32 Zu detaillierteren Differenzen im Kult s. Scheid 1984, 1993.

33 Zur Terminologie des sakralen Bodenrechts s. Festus 348, 22 - 350, 12 L; Gaius, Institutiones 2, 3-9.

34 Dazu Ausbüttel 1982, 68f.

35 Archäologisch lassen sich Hausbestattungen selbst von Kindern nicht sicher nachweisen, da entweder die Belege für Wohnhäuser über den Gräbern oder die Gleichzeitigkeit von Haus und Grab fraglich sind (für diesen Hinweis danke ich Patricia Roncoroni/Berlin): vgl. Bietti Sestieri 1992, 54.

36 Siehe Flaig 1995.

sonst droht ihnen das wenigstens temporäre Ausscheiden aus dem religiösen Kommunikationssystem.[37] Selbst im Hauskult werden an den Hausaltären zu den entsprechenden Gelegenheiten die Penaten (*di Penates*), Laren und der *genius* des (lebenden) Hausherrn verehrt; eine etwaige Bekränzung von Ahnenmasken erfolgt direkt in den ihrer Aufbewahrung dienenden Schreinen – idealtypisch im Atrium.[38]

Noch bevor das zentrale religiöse Kommunikationssystem näher betrachtet worden ist, läßt sich bereits festhalten, daß sich ein durch gemeinsame Kommunikationsgrenzen ausgezeichnetes System "Religion" in einem Umfang, der modernen, christlich-europäischen Erwartungen an Religion entspräche, für das antike Rom insgesamt nicht aufweisen läßt. Dem entspricht das Fehlen eines antiken Pendants zum modernen Religionsbegriff: das leistet weder *religio* noch leisten es Begriffe wie *pietas*, *caerimoniae* oder *sacra*. Auch der für Rom wenigstens auf den spätrepublikanischen Religionstheoretiker Varro zurückgehende Begriff der *theologia tripertita* leistet genau das nicht.[39] Vielmehr stellt er die oben genannten philosophischen und mythologischen Diskurse als *theologia naturalis* und *theologia poetarum*, als "natürliche Theologie" und "Theologie der Dichter" mit einer *theologia civilis* zusammen, die als der für die Einrichtung der öffentlichen Kulte normative "Text" verstanden wird. Bezeichnend für dieses Konstrukt ist aber gerade das unverbundene Nebeneinander der durch dasselbe Thema strukturierten Kommunikationszusammenhänge. Nicht gedankliche Kohärenz, sondern die klare, die (wenig diskursive) *theologia civilis* (das heißt die tatsächliche Kultpraxis) legitimierende Trennung bildet das leitende Interesse. Es scheint ein Kennzeichen gerade der Religionsgeschichte der Kaiserzeit zu sein, daß Kulte an Bedeutung gewinnen, in denen die drei anfangs genannten Themen in einem Kommunikationssystem zusammengeführt werden: Spekulationen über Isis schlagen sich in Hymnen nieder, die im Ritual Verwendung finden; religiöses Verhalten wird im Christentum im Hinblick auf die Möglichkeiten postmortaler Existenz diskutiert und ausgerichtet.[40]

Als zentraler Bereich religiöser Kommunikation dürfte jedem Beobachter der traditionelle, zeitlich wie räumlich stark strukturierte Gebets- und Opferbereich – kein Opfer ohne Gebet, nur selten ein Gebet ohne wenigstens minimales Opfer – ins Auge fallen. Die Gegenstände der nun formal an einen nichtmenschlichen Adressaten gerichteten Mitteilungen werden in wenigen

---

37 Siehe bes. Plinius, Naturalis historia 18, 118f.; Gellius, Noctes Atticae 10, 15, 4; Rüpke 1990, 65.

38 Dazu umfassend Flower 1996.

39 Zur Begriffsgeschichte Lieberg 1982; einen Versuch, den Begriff für eine wissenschaftliche, externe Beschreibung antiker Religion zu nutzen, bietet Rüpke 1999b.

40 Zum Isishymnos Versnel 1990, 39-95; zur kommunikativen Vermittlung von Bußparänese an einem stadtrömischen Beispiel Rüpke 1999a. Diese Theologisierung kann an griechische und vorderorientalische Traditionen anknüpfen.

erhaltenen Gebetstexten sowie in denjenigen Ritualen deutlich, die Probleme im Normalverfahren ansprechen. Eine Verstärkung der Bitte um Wohlergehen – zumeist aus aktuellem Anlaß (Krankheit, sonstige Lebensumstände) – erfolgt in Form von Gelübden (*vota*): Für den Fall etwa der Genesung wird ein Opfer in Aussicht gestellt.[41] Die Einlösung dieser Zusage, unter Umständen aber auch schon die Bitte,[42] wird häufig durch materielle Votivgaben oder gar Verschriftlichung des Vorgangs – und entsprechend auswertbare Quellen für Historiker – unterstrichen.

Das "Krisenritual" des Gelübdes darf aber nicht zu sehr dramatisiert werden: Im öffentlichen Bereich sehen wir viele Gelübde als jährliche Institutionen, bei denen – wie schon dem spätantiken Grammatiker Servius klar wurde – nicht mehr unterschieden werden kann, was im Opfer Dankopfer für die Erfüllung und was schon wieder neues Bittopfer ist. In einem solchen Fall unterbrechen nicht einmal katastrophale Ereignisse in der Zwischenzeit den Zyklus: Das Ritual ist gegen negative Umwelteinflüsse bereits immunisiert,[43] die Kapazität zur Informationsverarbeitung dieses Kommunikationstyps ist begrenzt.

Die Bitte an die Götter, gnädig (*propitii*) zu sein und *bonum eventum*, guten Ausgang zu schenken (weitere Konkretisierungen, *salus*, *copia*, sind dadurch nicht ausgeschlossen), geht von einer Normalsituation aus. Diese Normalsituation kann gestört sein: Zeichen, *prodigia*, offenbaren, daß die Götter erzürnt sind.[44] Diese Störung der *pax deorum* beeinflußt dann das gesamte soeben beschriebene Feld religiöser Kommunikation, die Zeichen können von rituellen Mißgeschicken unter Umständen bis zu Katastrophen reichen.[45] Insofern scheint es mir berechtigt, den gesamten Komplex von Prodigien und Prodigienprokuration ("Sühnung") zu dem durch Opfer, Gebet und Gelübde umschriebenen Kommunikationssystem hinzuzurechnen.

---

41 Zum Votum vor allem im griechisch geprägten Mittelmeerraum aus mentalitätsgeschichtlicher Perspektive van Straten 1981. Für konkrete Befunde s. etwa Potter 1989 und die Übersicht bei Bouma 1996.

42 Dieses Problem ist vor allem bei Votivgaben ohne Begleittext (und das ist praktisch der Regelfall) nicht zu lösen. Selbst bei Darstellungen von unheilbaren Krankheiten auf Körpervotiven ist zu berücksichtigen, daß ja hier kein empirischer anatomischer Befund dargestellt wird, sondern Symptome "freihändig" visualisiert werden – wenn nicht ohnehin der Leidende auf vorgefertigte Produkte als Votivgabe (auch das ist der Regelfall) zurückgreift.

43 Siehe die unmodifizierte Formulierung bei der Einlösung des Gelübdes vom 3. Januar 68 n.Chr. (für Nero) durch den (nun Galba) vertretenden Promagister der Arvalen am 3. Januar 69 (Acta Arvalia 40, I, 10-12 Scheid): *[... victimis i]mmolatis / in Capitolio, quae superio]ris anni ma[gister voverat, persolvi]t et in pro/ximum annum n]uncupavit ...*

44 Vgl. Rosenberger in diesem Band.

45 Die aus historiographischen Quellen (primär Livius) gewonnene Prodigiensammlung des Iulius Obsequens zeigt das Interesse und die in den Bereich historischen Denkens sich verschiebene Metakommunikation über diesen Bereich.

Die thematische Einheit der Kommunikation mittels unterschiedlicher ritueller Formen läßt sich in der Objektsprache begrifflich nicht hinreichend festmachen: Es ist lediglich der öffentliche Bereich der Prodigien, der mit der Rede von der *pax deorum* und ihrer Störung ein symbolisch generalisiertes Kommunikationsmedium entwickelt hat, das thematische Zuordnung mit der Sicherung der Motivation – auf *prodigia* muß man reagieren – verbindet.[46] Es ist dann auch dieser Bereich, der am stärksten die Ausbildung von Spezialistenrollen gefördert und sakralrechtliche Festlegungen hervorgetrieben hat: So wird in einer Konfliktsituation der Zwang, jedem göttlichen Herren eines Tempelgebäudes eine eigene *cella* zuzuweisen, gerade mit der notwendigen räumlichen Eindeutigkeit und Zurechenbarkeit im Falle von Prodigien im beziehungsweise am Tempel begründet.[47]

An dem zuletzt genannten Beispiel wird deutlich, daß die Stabilität des Verhältnisses von Göttern und Menschen in vielen Punkten ein Problem eindeutiger Grenzen und ihrer Verletzung darstellt. Grenzziehungen in Raum und Zeit – *sacer* ist der eigentumsrechtliche Begriff im einen Fall, *feriae* im anderen[48] – stellen ein zentrales Thema religiöser Kommunikation und ein wichtiges Interesse ihres Gedächtnisses dar. Dieses jedoch ist ein primär historisches: Regelungen werden in architektonischen Landmarken und in Geschichten aufbewahrt, kaum (oder erst sehr spät) in priesterlichen Archiven.

Die Beteiligung von Spezialisten am Prokurationsverfahren[49] zeigt, wie hoch strukturiert und über unmittelbare Interaktion hinaus organisiert religiöse Kommunikation hier ist. Die Beteiligung der etruskischen *Haruspices* erschließt die Semantik einer anderen Kultur für Rom, sie erfolgt aber ebenso wie die Befragung der (griechisch geschriebenen) Sibyllinischen Bücher durch die *Duo-/Decemviri sacris faciundis* nur fallweise, auf Senatsbeschluß. Kern des Einsatzes dieser Spezialisten ist die Intensivierung eines auch sonst in der normalen Opfer- und Gelübdepraxis laufenden Prozesses, nämlich die Identitätsfestlegung der in die Kommunikation einzubeziehenden Gottheiten.

Die ausgeprägte Organisation, und damit auch Kontrolle der Kommunikation in den zuletzt angesprochenen Fällen unterscheidet sich deutlich von Divinationstechniken wie Träumen und der Astrologie. Hier nimmt die Erwartbarkeit der Kommunikationsprozesse deutlich ab. Im einen Fall ist die Fähigkeit zu träumen einfach zu weit verbreitet,[50] im anderen Fall das Spezialistenwissen der oft aus dem östlichen Mittelmeerraum stammenden Experten

---

46 Zu dieser Leistung symbolisch generalisierter Medien Luhmann 1987, 222.

47 Dieser Fall war mit dem Gelübde eines gemeinsamen Tempels für Honos und Virtus des Konsuls von 222 v.Chr. M. Claudius Marcellus gegeben (s. Livius 27, 25, 7-9; zum Tempel Ziolkowski 1992, 58f.). Zum komplexen Prozeß von Tempelgründungen und -weihungen s. jetzt Orlin 1996.

48 Zur Begriffssystematik s. Rüpke 1990, 30ff. und 1995a, 487-522.

49 Einzelheiten bei Rosenberger 1998 und in diesem Band.

50 S. Weber in diesem Band.

– anders als bei den der lokalen Oberschicht der umliegenden mittelitalischen Gebiete angehörenden Haruspices – auch nicht mehr sozial kontrollierbar.[51]

Wie wichtig gerade das Thema des Zugangs zu bestimmten Kommunikationstechniken ist, zeigt das Beispiel der Auspizien. In ihrer simplen, von den spätrepublikanischen Magistraten gepflegten Form der Vogelschau geht es um reines Vermeidungsverhalten. Die den Vögeln am frühen Morgen gestellte Frage lautet jeweils: Darf ich das *heute* machen? Wichtig ist, wer die Frage stellen darf; die Diskussion über den "Besitz" von Auspizien ist (in der uns greifbaren spätrepublikanisch-augusteischen Form) eine Diskussion über Legitimationen zu öffentlichem, andere verpflichtendem Handeln.[52] Diese Diskussion wird in der annalistischen Erzählung der ausgehenden Republik mit dem Problem der Legitimation der Priester verknüpft – konkretisiert an der *lex Ogulnia* von 300 v.Chr., die mit ihrer Zuwahl von Plebeiern die Kollegien der *sacerdotes publici* faktisch für plebeische Kandidaten öffnete, ja ihren Anteil festschrieb.[53] Die historisch faßbaren Kommunikationen in und über die Priesterschaften bedienen sich aber keiner spezifisch religiösen Themata, sondern diskutieren die Mitgliedschaft in den Kollegien auf ihre Analogie zu den Magistraturen hin. Es ist diese Analogie, die sich in der Selbstdarstellung wie der Außenwahrnehmung immer stärker durchsetzt und bis hin zur Klerikergesetzgebung der Spätantike führt.[54]

Der Versuch, einen Überblick über religiöse Kommunikation im Bereich der traditionellen römischen Religion zu gewinnen, hat das enge Themenspektrum dieser Kommunikation offengelegt. Im Zentrum steht ein Thema, das in der Formel von der *pax deorum* und der notwendigen *procuratio* wenigstens im öffentlichen Bereich einen griffigen Code gefunden hat; erfolgreich ist auch die Übertragung des Eigentumskonzeptes auf die Kommunikation über die Grenzen von Göttlichem und Menschlichem. Metakommunikation über Ritual arbeitet mit den Begriffen von *rite* und *piaculum*, sie setzt aber nur fallweise ein; auch die Dokumentation von Ritual wird nur sehr beschränkt praktiziert (Triumph? Augurium salutis?).[55]

Nur begrenzte Verbindungen mit diesem zentralen Bereich weist die normale Kommunikation zwischen den religiösen Spezialisten anläßlich ihrer Interaktionen auf. Jenseits ihrer offiziellen Prüfaufgaben wird keine anzuschließende Kommunikation (etwa im mythologisch-philosophischen Bereich) greifbar. Systematische Darstellungen religiöser Handlungsbereiche stammen oft von Außenstehenden wie Varro, Verrius Flaccus und Ovid; selbst den Fla-

---

51 Astrologenvertreibung: Cramer 1954; Überblick: Barton 1994; zur Vielfalt der Positionen: von Stuckrad 2000.

52 Siehe Rüpke 1990, 41-51; de Libero 1992.

53 Livius 10, 6-9.

54 Zu letzterer s. Noethlichs 1972, 1973.

55 Zum Alter der ostentativ-öffentlichen Triumphdokumentation s. Rüpke 1995b, 194; zur Liste der *auguria salutis* Liegle 1942; Winkler 1995, 54-57.

men Volcanalis Sueton wird man hinsichtlich der zentralen *collegia* als Außenstehenden bezeichnen dürfen. Auch die Protokollaufzeichnungen der Priesterschaften, die *libri* oder *acta sacerdotum* verraten etwa mit ausführlichen Notizen über Mahlzeiten[56] anderweitige Interessen, die sie mit der Gesellschaft als ganzer teilen und keine spezifisch religiöse Interpretation erlauben.

3 Das Modell

Es war ein Ziel dieses Beitrags, die in diesem Band versammelten Analysen der politischen Dimensionen religiöser Kommunikation gerade auch religiös zu kontextualisieren. Dabei konzentrierte sich das Interesse auf den Zusammenhang eines Kommunikationssystems "Religion", um überhaupt erst ein Subjekt der Interaktionen dieses gesellschaftlichen Bereiches mit anderen, besonders dem politischen Bereich zu konstitutieren. Zur Beschreibung der Interaktion ist nun abschließend eine Verlagerung der Perspektive nötig, die auf die Details des kommunikativen Prozesses und seine Einbettung in die Interaktion der Beteiligten achtet.

Es empfiehlt sich, dabei ein Kommunikationsmodell zu entwickeln, das gewissen Spezifika antiker Religion gerecht wird und in hinreichendem Umfang Ansätze zur Erschließung und Typisierung bietet, ohne allzu komplex zu werden. Mein Hintergrund ist das von Horst Reimann entwickelte Kommunikationsmodell und seine Modifizierung speziell für religiöse Kommunikation durch Ingo Mörth.[57] Einsichten der Luhmannschen Kommunikationstheorie sollen – trotz des unterschiedlichen Ausgangspunktes und Interesses – soweit möglich integriert werden.

Noch bevor ich Details zu formulieren beginne, ist zu betonen, daß religiöse Kommunikation in vielen Fällen mit den üblichen Kommunikationsmodellen adäquat zu beschreiben ist. Tempel müssen geplant, finanziert und gebaut werden, nachdem sie gelobt und bevor sie benutzt werden können; Rollen in religiösen Organisationen müssen definiert und ausgefüllt werden wie in anderen Organisationen auch; das Gespräch beim Festbankett muß nicht um die Gottheit des Tages oder ihre Statue oder ihren Mythos oder aber die Freiwilligkeit des Opfertieres kreisen.

Problematischer wird es in dem – bei Religionen sicher stärker als in anderen gesellschaftlichen Handlungszusammenhängen ausgeprägten – Bereich symbolischer, häufig nonverbaler Kommunikation durch Rituale. Hier treten expressive Elemente, die die im Kommunikationsakt als solchem gegebene Situation und die darin implizierten Rollen betonen und stabilisieren, in den Vordergrund gegenüber informativen Elementen. Besondere Schwierigkeiten bereitet religiöse Kommunikation aber dann, wenn sie ihren

56 Siehe Macrobius, Saturnalia 3, 13, 11; dazu Rüpke 1998.

57 Reimann 1968; Mörth 1993.

Kommunikationsraum nicht auf menschliche Gesprächspartner beschränkt, “Götter” einbezieht. Es ist Aufgabe der Theologien und nicht der Religionswissenschaft, über die Existenz dieser Götter zu befinden. Aber auch für die historisch Beteiligten bereiten die besonderen Existenzformen der Gottheiten Probleme für die Kommunikation. Unter diesen Bedingungen ist die aus der Perspektive Luhmanns kritisierte Schwäche der konventionellen Modelle, nämlich die Vernachlässigung des den Kreislauf erst schließenden (vom Adressanten wahrgenommenen) Verstehensprozesses des Adressaten,[58] gerade ein Vorteil: Die empirische Faßbarkeit göttlicher Reaktionen ist ein theologisches Dauerproblem. Darauf aufbauend möchte ich jetzt in sechs Schritten ein Kommunikationsmodell entwickeln.

1. Den Ausgangspunkt eines jeden Kommunikationsmodells bildet die Beziehung zwischen Adressant und Adressat. Vom Adressanten geht die Aktion aus, er ist die Quelle. Ein Signal wird an den Adressaten, das Ziel, übertragen[59] und von diesem als Information, Handlungsanweisung oder ähnliches wahrgenommen. Die Verfeinerung dieses Kommunikationsmodells kann sich nun auf zwei Bereiche konzentrieren, zum einen den Prozeß der Kodierung und Dekodierung der intendierten Mitteilung, zum anderen auf den sozialen Kontext, die Kommunikationssituation im engeren und weiteren Sinne. Im ersten Fall steht das Informationsgeschehen und die religiöse Sprache in einem engeren Sinne im Zentrum. Der sprachliche oder sprachähnliche Code hat gerade die philologisch orientierte Religionswissenschaft angezogen, die entsprechend die Verständnisprobleme auf dieser Ebene leicht überschätzt beziehungsweise Reflexion im “Verständnis” als (unrealistischen) Maßstab angelegt hat.[60] Im zweiten Fall steht die Interaktion im Zentrum. Zumindest jede Kommunikation mit Primärmedien (Sprache, Körpersprache, Zeichenverwendung in der direkten Begegnung von Adressant und Adressat) hat massive Interaktions-Anteile, umgekehrt besitzt jede Interaktion auch einen kommunikativen Aspekt, bis hin zur symbolischen Interaktion, in der die – allerdings stark kodierte – Botschaftsübermittlung das Handlungsgeschehen determiniert.

2. Ich beginne mit einer ersten Komplikation des Modells. Sie besteht darin, daß der Empfänger des Signals nicht mit dem Adressaten identisch sein muß. Das Problem stellt sich in allen Kontexten bei Massenkommunikation: Die eigentlichen Adressaten sind unter Umständen nur über Vermittler (*opinion leaders*, Erziehungsberechtigte, Zeitungsabonnenten) erreichbar. Bei der Kommunikation einer Gottheit mit Menschen ist die Benutzung von Zwischenträgern nicht ungewöhnlich: Ein Bürger beobachtet ein für die Stadt insgesamt geltendes Vorzeichen, ein Mitglied des Hofs träumt einen für den

58 Luhmann 1987, 193-199.
59 Zur Kritik an der Übertragungsmetapher s. Luhmann 1987, 193f. und 1998a, 194f.
60 Zum letzten Problem Gladigow 1992 und Scheer in diesem Band.

Herrscher relevanten Traum. Solche Zwischenträger können den Charakter von Signalverstärkern haben, man spricht dann gern von "Medien": Personen, die in besonderer Weise für göttliche Botschaften empfänglich sind. In der Gegenrichtung, in der Kommunikation mit einer Gottheit, können ebenfalls Verstärker benutzt, Empfänger vorgeschaltet werden: Das Gebet richtet sich an lokale, etwa durch Kultbilder präsente "Epiklesen" einer großen Gottheit[61] oder an "Heilige", die zwar auch als direkte Adressaten gewertet werden können, zum Teil aber explizit nur um Fürbitte, also Weiterleitung einer Bitte an die Gottheit, gebeten werden.[62]

Die Zwischenschaltung des Empfängers bereitet das Problem, daß dem Adressaten gegenüber der Empfänger als Sender erscheint: Ob – wie behauptet – hinter dem menschlichen Sender tatsächlich eine göttliche Quelle steht, mag im Einzelfall problematisch werden: Die Zwischeninstanz bedarf dann einer formalen (etwa über eine dauerhafte religiöse Funktion) oder inhaltlichen Legitimation (etwa durch besonderes Wissen und typische Merkmale der Gestalt des Signals). In gewisser Weise handelt es sich bei all dem aber lediglich um die Verschärfung eines allgemeinen kommunikativen Problems, das Luhmann in der Differenz von Information und Mitteilung thematisiert:[63] Meint es der Sender ehrlich? In welcher Weise modalisiert er die Information? In bezug auf die Götter wird allerdings typischerweise mit der Unterstellung gearbeitet, sie meinten es ehrlich;[64] insofern stellt der zwischengeschaltete Sender doch ein spezifisches Problem dar.

Unter den Bedingungen des antiken Polytheismus kommt als Problem hinzu, daß der Adressant, die Quelle, unter Umständen nicht eindeutig ist und erst ermittelt werden muß oder nicht präzise ermittelt werden kann – in der Gegenrichtung muß dann die Anrufung oder Reaktion mit einem Formular wie *sive deus sive dea*, seiest du Gott oder Göttin, erfolgen.[65]

3. Die Nichtalltäglichkeit der Kommunikationssituation, fehlendes Wissen über den Adressanten oder die starke Kodierung der Adresse in Symbolen können die Dekodierung erschweren und so den Einsatz religiöser Spezialisten erforderlich machen. Die Häufigkeit, mit der das im Rahmen religiöser Kommunikation geschieht, läßt es geraten erscheinen, die Position des religiösen Spezialisten als festen Bestandteil des Modells zu formulieren, auch wenn sie – nicht anders als der Sender/Empfänger – wegfallen beziehungsweise mit Empfänger oder Adressat identisch sein kann. Wiederum kann auch in der

61 Siehe Gladigow 1975.

62 Zur antiken Figur des Heiligen und ihrer kaiserzeitlichen "Karriere" s. Brown 1981; Cox 1983; Anderson 1994; Kieckhefer / Bond 1988; Bibliographie: Wilson 1985, 309-419.

63 Luhmann 1987, 195-198.

64 Allerdings wird auch der Ausnahmefall thematisiert, s. Gladigow 1990.

65 Zur Bedeutung dieses Formulars s. Alvar 1985.

Gegenrichtung, in der Kodierung einer Adresse an den göttlichen Adressaten die Hinzuziehung eines Spezialisten notwendig sein.

Gerade an dieser Stelle lassen sich eine ganze Reihe von Fragen formulieren, die je andere Konstellationen identifizieren können: Da ist zunächst die Frage nach der religiösen Kompetenz. Darf der Weihende sein Gebet selbst formulieren oder muß er auf vorgegebene Formulare zurückgreifen? Wer erhebt eine derartige Forderung und wie wird ihre Einhaltung kontrolliert? Ist der im Zorn ausgesprochene Fluch überhaupt wirksam oder sollte ich besser einen Spezialisten mit der Formulierung beauftragen? Gibt es Fachliteratur zu magischen Praktiken, zur Zeichen- oder Traumdeutung, läßt sich also die interaktive Einbeziehung des Spezialisten durch Verbreitungsmedien ersetzen? Welcher Gestaltungs- (das heißt Interpretations-) Spielraum ergibt sich dadurch? Und schließlich ist nach den Semantiken zu fragen, die auf diese Weise einfließen: Können interpretierende Priester wie etwa in Delphi oder etruskische Haruspices in Rom Kenntnisse und Außenperspektiven in den Kommunikationsprozeß einbringen?[66] Zu betonen ist für den Gesamtbereich, daß die Frage der Kompetenz im Sinne der legitimierten Anwendung von Wissen von der Frage der faktischen Streuung von Wissensvorräten klar zu unterscheiden ist.[67]

4. Der Prozeß der Kodierung und Dekodierung religiöser Kommunikation könnte im Modell noch durch die Betonung des zum Einsatz kommenden Symbolapparates kompliziert werden, etwa durch die Frage nach der Form der Präsenz des Wissens um Symbole, nach der zeitgenössischen Variationsbreite der Interpretationen, dem Verpflichtungscharakter bestimmter Interpretationen, dem personellen Apparat der Symbolpflege (bis hin zu Dogmatiken). Zu fragen wäre weiterhin: Welche Medien im Sinne einer typischen Form des Signals und des Signaltransfers kommen zum Einsatz? Inwieweit ermöglicht oder konstituiert die Wahl des Mediums Sekundäradressaten neben dem vorgeblichen Hauptempfänger, das heißt, inwieweit fördert ein bestimmtes Medium die interaktive Dimension? Gebet oder Fluch, Speiseopfer oder Festspiele konstituieren je andere Öffentlichkeiten.[68]

Metakommunikativ ist nach den sozialen Regeln zu fragen, die die Benutzung bestimmter Kommunikationsformen steuern: Wem stehen sie überhaupt offen? Ist das eine Frage der Ethnizität, des Amtes, des Prestiges oder schlicht

---

66 Zur sozialen Einbindung der Haruspices in ihren Herkunftsorten s. Torelli 1975; zum römischen Umgang mit solchen externen Ressourcen s. beispielsweise Haury 1966; Guillaumont 1986; Montero 1989, 1991 (für die Spätantike); zur Reorganisation unter Claudius auch noch Heurgon 1953; zu überregionalen Orakelstätten Parke 1967; Parker 1985; für Rom ist als regionaler Bezugspunkt Praeneste wichtig: Kähler 1958; Bodei Giglioni 1978; Zevi 1979; Champeaux 1982a, 1982b, 1990.

67 Zu Verbreitungswegen in Rom vgl. Scheid 1999.

68 Zur Problematik des Begriffes Öffentlichkeit s. Gladigow, 1995; Rüpke 1995a, 605-628.

ökonomischer Möglichkeiten? Welche Monopolisierungstendenzen existieren – bis hin zur "Enteignung der Wahrsager"?[69] An welche Zeiten und Orte ist die Kommunikationsform gebunden? Was ergibt sich daraus für die Wirkung auf andere, besonders politische Kommunikation der jeweiligen lokalen Gesellschaft? Wie wird Knappheit erzeugt oder gesteuert?[70] Welche Alternativen bestehen und wie werden sie sanktioniert?[71] Ich möchte diesen Punkt aber nicht vertiefen, sondern mich auf die soziale, die interaktive Dimension konzentrieren.

5. Kommunikationsakte erfolgen in bestimmten Situationen und betreffen bestimmte Personen, die in bestimmten Rollen handeln und bestimmte gesellschaftliche Positionen einnehmen. Die starke Asymmetrie, das starke Macht- und Wissensgefälle einer Kommunikation zwischen einem menschlichen und göttlichen Kommunikationspartner mag das einen Moment lang vergessen machen, aber sie stellt bei näherem Hinsehen nicht das einzige definierende Element einer solchen Kommunikationssituation dar. Das Signal erreicht Reisende, Liebende oder Herrschende (oder diese sind es, die Signale senden) – und natürlich stellt sich immer die Frage, wieweit diese momentane Rolle in die Entschlüsselung eingehen muß.

Die Komplexität der Situation wird durch die erhöhte Zahl der typischerweise Beteiligten weiter gesteigert: Der Kommunikationsprozeß erstreckt sich in der Zeit, zerfällt in einzelne, je anders situierte Handlungen. Nicht nur die Rollen und Situationen der einzelnen Beteiligten, sondern auch ihre Beziehungen untereinander besitzen Bedeutung. Damit erhält auch der interaktive Aspekt des Kommunikationsaktes zunehmendes Gewicht, die Asymmetrien in den einzelnen Beziehungen können die Reaktionen auf das Signal stärker beeinflussen als die übertragene Information. Das Problem der erwarteten Anschlußkommunikation beziehungsweise der Anschlußselektion, der Auswahl der in der Kommunikation vorgestellten oder implizierten Alternativen läßt sich mithin auch über den Status der Beteiligten vorklären. Im auguralen Bereich etwa erlangen bestimmte Interpretationen auch nur eines einzelnen Augurs bindende Kraft.[72]

6. Spätestens durch die Vielzahl der beteiligten Instanzen, aber auch, weil antike Religionen in starkem Maße aus öffentlichen Handlungen bestehen, erhält der individuelle Kommunikationsprozeß ein Publikum, das präsent,

---

69 Siehe Fögen 1993.

70 Das griechische System der Privilegierung bestimmter Personen bzw. Repräsentanten bestimmter Orte in der Warteschlange für die Erteilung von Orakeln (*Promantie*) illustriert beide Mechanismen (dazu Latte 1962).

71 Siehe Codex Theodosianus 9, 16.

72 Zum Problem des Verhältnisses und der Kompetenzverteilung von einzelnen Auguren und Kollegium s. Linderski 1986 (der allerdings eine unwahrscheinliche Formulierung unterstellt).

aber auch abwesend sein kann und durch Metakommunikation – Reden über den Kommunikationsvorgang – beziehungsweise Sekundärmedien (etwa Inschriften oder Bücher) konstituiert wird. Das Tieropfer erfordert eine Festgemeinschaft, Gelübde werden laut gesprochen, viele Formen der Divination finden öffentlich statt.

Das führt dazu, daß der an eine Gottheit gerichtete Kommunikationsakt Empfänger über die intendierte Adressatin hinaus hat. Das laut gesprochene Gelübde des Feldherrn demonstriert nicht nur der Gottheit die Frömmigkeit des Militärs, sondern auch seinen Soldaten, die das Votum nicht weniger hören sollen.[73] Wenn der Feldherr wie etwa Caesar vor der Schlacht bei Pharsalos bereits den Namen der Gottheit als Losung ausgibt, die dann während der Schlacht angerufen wird,[74] stellt das das Gelingen des sekundären Kommunikationsaktes auch unter den Bedingungen einer tobenden Schlacht sicher. Ein weiteres Beispiel: Die Erklärung eines römischen Magistrats, daß er "den Himmel beobachten werde" (*de caelo servare*), dient nicht dazu, der Gottheit die Gewißheit zu geben, ihre Zeichen würden auch sicher wahrgenommen, sondern signalisiert den menschlichen Zeitgenossen die Entschlossenheit, ein Vorhaben mit religiösen Mitteln zu unterbinden. Hier wird sichtbar, wie weit die interaktive Ebene die kommunikative überlagert: Natürlich richtet sich die Intention von vornherein auf den politischen Gegner; der Diskurs auf der Interaktionsebene – "ich bin fest entschlossen, widrige Vorzeichen zu entdecken" – macht die Kommunikation auf der Primärebene – das Empfangen der Vorzeichen – unter Umständen bereits hinfällig.

Ähnliches gilt auch für den umgekehrten Fall der erklärten Kommunikationsverweigerung durch den Magistrat, der seine Sänfte gänzlich verschließt, um keine widrigen Vorzeichen wahrnehmen oder sich melden lassen zu können.[75] Die Regeln der Kommunikation zwischen Göttern und Menschen werden zur Blockade dieser Kommunikation und damit zur Blockade indirekter menschlicher Kommunikation benutzt. Solches Handeln funktioniert ebenso wie der intensive Rückgriff auf Divinationsregeln in der auguralen Obstruktion,[76] die menschliche Kommunikation nahezu vollständig auf die Kommunikation zwischen Göttern und Menschen verlagert: Beides zeigt, daß nicht ein christlich geprägtes Verständnis von Frömmigkeit, sondern nur die genaue Analyse der jeweils stattfindenden Handlungen den gesellschaftlichen Ort religiöser Kommunikation erschließt.

Öffentlichkeit von Religion, das möchte ich zum Abschluß meiner Beispielreihe betonen, hat aber nicht nur die Wirkung, menschlich-göttlicher Kom-

73 Siehe etwa Livius 10, 36, 11.

74 Appian, Bürgerkriege 2, 281-284.

75 Cicero, 2, 77.

76 Zur Obstruktion Taylor 1949; Burckhardt 1988; de Libero 1992 (bes. 53-68); zu Details s. a. Weinstock 1937; Tatum 1990.

munikation weitere Bedeutungsebenen zu verleihen. Öffentlichkeit besitzt vielfach eine Zeugenfunktion, die das Gelingen der immer prekären asymmetrischen Kommunikation sichert oder zumindest den sozial erprobten Verpflichtungsregeln (Reziprozität, Ehre) unterwirft. Wo diese Öffentlichkeit fehlt, sind in der griechisch-römisch geprägten Welt Verschriftlichungen besonders ausgeprägt: Beispiele bilden die Fluchtäfelchen[77] ebenso wie die Gelübde.

4 Veränderungspotentiale

Der Versuch des Überblickes über religiöse Kommunikation in Rom hat bereits deutlich gemacht, daß es Verschiebungen in der Struktur der Kommunikation und ihrem Themenkatalog, also ihrer "Semantik", gibt. Die Frage nach Veränderungen ist auch an die durch das Modell zu erfassenden Kleinstrukturen zu stellen. Es ist zu überprüfen, inwieweit gerade die feste Form des religiösen Rituals im Einzelfall mit einer inhaltlichen Flexibilität verknüpft ist, die in einer traditionalen Gesellschaft Spielraum für Modifikationen schafft. Im Rahmen einer eingespielten Formensprache sind die lokalen antiken Polytheismen vielfach sehr offen für die Einführung neuer Kulte, die unter Umständen großes Veränderungspotential besitzen. Religion ist traditional, nicht der Bereich der großen Umbrüche. Gleichwohl scheinen gerade die hier zu beobachtenden "kalten" Mechanismen sozialen Wandels – unmerkliche, nicht explizit intendierte, erst in der Akkumulation ähnlicher "Fehler" dauerhaft wirksam werdende Änderungen – interessant zu sein: Insbesondere die intendierte Unverfügbarkeit kann Religion zu einem Experimentierfeld machen, in dem neue Lösungen erprobt werden.

Solche Lösungen können natürlich auch im nichtöffentlichen Raum tradiert werden: durch Verschriftlichung, unabhängig davon, ob sie für die Publikation bestimmt waren oder nicht. So werden religiöse Konstrukte über kulturelle Veränderungen hinweg in völlig neue Kontexte – auch über den von uns behandelten Zeitraum hinaus – übertragen. Antike Zauberbücher zeigen, wie stark Eingriffe in Traditionen sein können, wenn öffentliche Kontrolle fehlt,[78] und beleuchten damit auch das Veränderungspotential ausdifferenzierter, im Extremfall dekontextualisierter Religion. Die Frage, wann – und wie – solche religiösen Entwürfe wieder in den öffentlichen Raum wirken oder zurückkehren, ist eine Frage der Kommunikation.

77 Dazu Brodersen in diesem Band.

78 Zur Magie s. Graf 1996 und die Definition von Jonathan Z. Smith, der Magie als Reflexionsform von Ritual, Ritualisierung von Ritual, betrachtet (Smith 1982).

Die Götter anrufen
Die Kontaktaufnahme zwischen Mensch und Gottheit in der griechischen Antike

Tanja S. Scheer

Einführung

Als der Priester Chryses vom griechischen Befehlshaber Agamemnon mit Schimpf und Schande davongejagt wird, bleibt ihm zunächst nichts anderes übrig, als sich schweigend zu entfernen. "Doch als er weiter entfernt nun wandelte," so berichtet der Dichter der Ilias, "dann betete der Alte laut zum Herrscher Apollon, dem Sohne der lockigen Leto:

'Höre mich Gott mit dem Silberbogen, der du Chrysa umwandelst
und die heilige Killa, und der du Tenedos mächtig beherrschest,
Smintheus! Hab ich dir je erbaut den prangenden Tempel,
oder hab ich dir je von erlesenen Rindern und Ziegen
fette Schenkel verbrannt, so gewähre mir dieses Verlangen:
Räche mit deinem Geschoß meine Tränen an Danaos' Söhnen!'
Also rief er betend. Da hörte ihn Phoibos Apollon.[1]

Das Gebet des Chryses ist wohl das älteste überlieferte seiner Art in der griechischen Literatur. Vielleicht ist es auch das berühmteste, hängt an ihm doch die gesamte Handlung der Ilias, zuerst Pest und Tod im Lager der Griechen vor Troja, schließlich der "Zorn des Achilleus". Entsprechend ist es nicht verwunderlich, wenn schon von Cameron[2] festgestellt worden ist, daß literarische Gebete wie das zitierte offenbar die Vorstellung der historischen Griechen vom richtigen Beten auch für spätere Zeiten deutlich geprägt haben. Chryses' Gebet, das Gebet eines gebrechlichen alten Mannes, verhilft ihm zum Erfolg gegen einen viel stärkeren und viel mächtigeren Gegner: Apollon hat ihn erhört.

Im Bereich religiöser Kommunikation war das Gebet auch bei den Griechen ein besonders wichtiges Medium, wenn man mit der Gottheit Kontakt aufnehmen wollte, wenn die Götter Adressaten einer irdischen Botschaft "von unten" sein sollten. εὔχομαι, der griechische Begriff für "Beten", ist nach

1 Ilias 1, 35ff.

2 Cameron 1939 (persönliches und literarisches Gebet hätten sich stark beeinflußt); vgl. auch Muth 1988, 147: es seien keine festen Formulierungen üblicher Bitt- und Dankgebete erhalten, aber literarische Umformungen.

Walter Burkert geradezu im Sinne von "sich bemerkbar machen" zu verstehen.[3]

Wie nahm nun ein Grieche Kontakt mit seinen Göttern auf? Waren Medien und Methoden im Sinn einer Liturgie rituell festgelegt, und wem standen sie offen? Waren religiöse Mittler als Spezialisten nötig oder zumindest empfehlenswert? Sind die Intentionen der Kontaktaufnahme vielleicht über die unmittelbare Bedeutungsebene hinausgegangen? Diente so manches Gebet nicht nur der Kontaktaufnahme zur Gottheit, sondern gab es darüber hinaus noch andere – höchst irdische – Empfänger der Botschaft? Und welche Botschaften liefen stillschweigend mit?

Bei der Analyse griechisch-antiken Betens ist es wohl ganz besonders wichtig, sich zunächst der christlich geprägten Voraussetzungen bewußt zu werden, von denen in der Moderne mitunter stillschweigend ausgegangen wird. Die uns selbstverständlich erscheinende Existenz von "Gebetbüchern" und einer streng reglementierten Liturgie mit Gebetsformularen, die Rolle des Priesters als religiösen Mittlers kann nicht von vornherein auf die Antike übertragen werden. Auch eine Anweisung wie die des Neuen Testaments – "so sollt ihr beten" – fehlt bei den antiken Griechen.[4]

1 Griechische Beter

Hier stellt sich am Beispiel des Chryses bereits die erste Frage: Ist Chryses' Gebet – und vor allem sein überwältigender Erfolg – vielleicht ein Sonderfall, weil er bestellter Priester des Apollontempels von Chrysa ist? Oder betet er als Privatperson? Wer betet also im antiken Griechenland? Ist die direkte Anrede der Götter ein Vorrecht religiöser Funktionäre, gibt es Anzeichen für eine Monopolisierung dieses Kommunikationsmediums?

Eine pauschale Antwort hierauf ist – wie so häufig – nicht möglich. Grundsätzlich verbietet die griechische Gesellschaft niemandem, sich an die Götter zu wenden, sei die Person Mann oder Frau, Freier oder Sklave, Bürger oder Fremder. Eine einzelne Privatperson braucht nicht von vornherein einen

3 Burkert 1977, 127. Zu ausführlichen Analysen der griechischen Begriffe für "beten" (εὔχομαι, ἀράομαι, λίσσομαι) vgl. Aubriot-Sévin 1992, 506ff.; Pulleyn 1997, 6, hält εὐχή wohl richtig für den Hauptbegriff. Bremmer 1996, 240, hat die Herkunft des Begriffs aus dem rechtlichen Bereich betont und εὔχομαι im Sinne von "eine gerechte Forderung aussprechen" verstehen wollen.

4 Matth. 6, 9ff.: "Ihr aber sollt also beten ... ". Die grundsätzlichen Unterschiede zum modernen Gebetsverhalten hat auch Bremmer 1996, 240, hervorgehoben.

Mittler oder Vorbeter, der sich – legitimiert durch Ausbildung und sakrales Spezialwissen – zwischenschaltet.[5]

Eine Anrufung der Götter hat allerdings häufig repräsentativen Charakter: Gebete werden für die Stadt oder für Personengruppen gesprochen. Dann übernehmen gewöhnlich Einzelne als Repräsentanten der Polis oder der spezifischen Gruppe diese Aufgabe. Besondere sakrale Ausbildung braucht es dafür nicht, sind doch selbst die Priester der Götter meist Privatleute, die für eine bestimmte Zeit in ein solches Amt gewählt worden sind, es geerbt oder gekauft haben.[6] Entsprechend spielt auch die Schrift als Medium beim Gebetsverhalten der Griechen eine lediglich marginale Rolle: Was zu tun und zu sagen ist, weiß man aus eigener Anschauung und Anhörung, ist man doch als Mitglied der spezifischen Gruppe schon häufig Zeuge entsprechender religiöser Begehungen gewesen.

Im Normalfall fällt die Aufgabe, eine Gruppe oder gar den Staat bei der Anrufung der Götter zu repräsentieren, der ältesten oder ranghöchsten Person zu.[7] Die Rolle von Männern und Frauen, von Priestern und "Laien" beim Gebet definiert sich aus dieser Voraussetzung: Für die Familie spricht der Haushaltungsvorstand, in den meisten Fällen also wohl der Ehemann. Dies heißt jedoch nicht, daß Frauen nicht laut beten durften: Sie stehen nur genausowenig an der Spitze der Zeremonie wie etwa die im Haus lebenden Söhne.[8]

Im Fall des Gebets für die Stadt, das in einem Heiligtum stattfindet, gilt dasselbe: Die für dieses Heiligtum bestimmte Priesterin oder der Priester rufen dort die Gottheit an.[9] Manchmal scheint es auch ein Herold gewesen zu sein,

---

5 Beispiele für betende Privatleute: Ilias 16, 233: Gebet des Achilleus; Ilias 10, 284f.: Odysseus, Diomedes; Ilias 2, 400f.: Agamemnon; vgl. auch Ilias 7, 177f. anläßlich der Verlosung des Zweikampfes gegen Hektor: "Aber das Volk hob flehend empor zu den Göttern die Hände, / also betete mancher, den Blick gen Himmel gewendet ..." Vgl. etwa auch das Gebet des Orestes in Aischylos' Choephoren 1ff.: "O Hermes, Grabgott, väterlicher Macht Betreuer, / werd Retter du, Mitkämpfer mir, der zu dir fleht! / Komm ich doch in dies Land und kehre wieder heim." Nicht nur die Heroen aus Epos und Tragödie beten kraft 'eigenen Rechts'. Von Ladike, Gattin des Amasis bei Herodot (2, 181) über griechische Feldherrn wie Pausanias von Sparta bei der Schlacht von Plataiai (Herodot 9, 61) bis hin zu den Protagonisten der Komödien des Aristophanes (Wolken 1478ff.) verrichten Männer und Frauen, ja sogar Sklaven als Privatleute – und ohne Kultfunktionäre zu brauchen – ihr Gebet. Ausnahme sind spezielle rituelle Formen der Kontaktaufnahme, etwa im Orakelwesen, wo eine Prophetin oder ein Prophet als Mittler erforderlich ist: Man braucht eine solche Person aber vor allem, um die "Antwort" der Gottheit zu übermitteln, weniger um sie anzusprechen.

6 Vgl. dazu etwa Ziehen 1913, 1411; Sourvinou Inwood 1988, 262.

7 Burkert 1977, 158; Pulleyn 1997, 166.

8 S. hierzu auch Pulleyn 1997, 168.

9 Vgl. etwa Aristophanes, Vögel 879ff. In manchen Fällen bestimmt die Hausordnung eines Heiligtums, daß etwa nur der Priester das Opfergebet sprechen darf, wenn er anwesend ist: Sokolowski 1969, nr. 69; Petropoulou 1981; Ziehen 1913, 1423; Pulleyn

der an der Spitze der versammelten Bürgerschaft betet, indem er die Worte des Priesters oder Beamten mit lauter Stimme wiederholt.[10] Möglicherweise hat ein Herold auch bei größeren Veranstaltungen den Versammelten eine gemeinsame Antwort vorgesprochen.[11] So war gemeinsames Beten "im Chor" möglich, obwohl festgefügte Gebetsformeln fehlten.[12]

Die Polis gegenüber den Göttern zu repräsentieren war stets eine prestigeträchtige Aufgabe – gerade für Beamte.[13] Wohl nicht zufällig zeigt der "Eitle" bei Theophrast seine spezifischen Charaktereigenschaften im religiösen Bereich:[14]

Wenn er als Ratsherr beim Opfer hilft, so vereinbart er mit den anderen, daß er dem Volk den Ausgang verkünden darf. Dann tritt er auf und spricht, mit einem Prachtgewand und Kränzen geschmückt: 'Bürger von Athen! Wir, die Prytanen, haben der Mutter der Götter Gebete und Opfer dargebracht. Die Opfer sind würdig, die Opfer sind gut. Heil euch.' Wenn er das verkündet hat, geht er nach Hause und erzählt seiner Frau, wie gut er heute wieder gewesen ist.

Das zitierte Gebet des Chryses ist also im beschriebenen Fall nicht als Ausfluß seiner priesterlichen Funktion zu verstehen. Eine solche hätte er nur innerhalb seines heiligen Bezirks, in dem Heiligtum, in dem er amtiert, und an der Spitze der Einwohner von Chrysa inne. Am Strand vor Troja gesprochen ist es sein privates Anliegen, Apollons Gehör zu erbitten.

2 Höre!

Für das Verständnis der griechischen Vorstellung von der Kommunikation des Menschen mit der Gottheit ist das griechische Gottesbild besonders

1997, 166.

10 Herold: Ziehen 1913, 1422; s. auch Herodot 6, 111: "Seit dieser Schlacht betet der Herold in Athen bei den Opfern, die an den fünfjährigen Festen dargebracht werden, zugleich für das Heil der Athener und der Plataier"; Aristophanes, Thesmoph. 295ff.

11 S. etwa das gemeinsame Gebet der griechischen Flotte vor der Ausfahrt nach Sizilien, bei dem ein Herold vorspricht, und die Zurückbleibenden am Ufer mitbeten können: Thukydides 6, 32; vgl. auch Diodor 20, 50, 6. S. auch von Lasaulx 1854, 141; daß es festgefügte Gebetsformeln gegeben hätte, beweisen diese Stellen gerade nicht, denn es ist im Einzelfall ein "Vorsprecher" nötig. Zum Problem ausführlich Pulleyn 1997, 176f. Daß die Polarität zwischen "ungeformtem Sprechen zur Gottheit" und wörtlich festgelegten liturgischen Gebeten der griechischen Religion fremd gewesen sei, meint auch Gigon 1965, 1028.

12 Christlicher Gebetsformalismus mag dem in der neuzeitlichen Forschung weitverbreiteten Versuch zugrunde liegen, antikes Beten nach stark formalisierten Kriterien erschließen zu wollen: so etwa Ausfeld (1903), der eine formale Einteilung des antiken Gebets nach "invocatio, pars epica und preces" vornahm. Gegen diese Vorgehensweise richtig Versnel 1981, 2.

13 Vgl. etwa Aristoteles, Ath.Pol. 54ff.

14 Theophrast, Char. 21; vgl. auch Antiphon 6, 54, der den Altar des Zeus Boulaios erwähnt, an dem die Ratsmitglieder Gebete und Opfer für das Wohl der Stadt dar-

wichtig: das Bild, das sich die Griechen von den Adressaten des Gebets und deren Möglichkeiten machen. Was muß ein Beter beachten, damit seine Botschaft den göttlichen Adressaten überhaupt erreichen kann?

Hier trifft man im Vergleich zu christlichen Vorstellungen auf höchst gravierende Unterschiede, die nicht immer genügend deutlich hervorgehoben werden: Die Götter Homers sind nicht allmächtig. Sie sind nicht allwissend. Sie sind nicht von vornherein gnädig und gut. Und vor allem: Sie sind nicht omnipräsent.[15]

Daß griechische Philosophen und auch Dichter mitunter das eine oder andere davon postuliert haben, soll hier nicht bestritten werden. Die Kritik am Pantheon, wie es Homer beschreibt, setzt bereits in archaischer Zeit ein.[16] Letztlich aber bleibt das von der homerischen Dichtung gestaltete Gottesbild bis in die Spätantike maßgeblich. Philosophisch verfeinerte Gottesbilder bleiben gesamtgesellschaftlich gesehen marginal. Dies hören wir auch aus dem Mund der "Aufgeklärten", die herablassend feststellen, die große Menge der Griechen bleibe befangen in Vorstellungen, die von den homerischen Epen geprägt sind.[17]

Diese Vorstellungen haben auch Auswirkungen auf die Art des Betens: Für den, der Kontakt mit der Gottheit aufnehmen will, geht es zuallererst noch nicht um "Erhörung", sondern darum, überhaupt Gehör zu finden, gehört zu werden.

Daß dies für den homerischen Chryses ein Problem hätte sein können, zeigt sich dann, wenn in der Odyssee beschrieben wird, wie Poseidon zum Festmahl bei den weit entfernt lebenden Aithiopen gegangen ist. Deshalb kann der Gott – gleichgültig wie mächtig er sonst ist – nicht hören, was die anderen Götter auf dem Olymp beschließen.[18] Selbst bei Zeus, dem Götterkönig, kann man nicht sicher sein, Gehör zu finden: Als Hera ihn mit ihren Liebeskünsten auf dem Berg Ida einschläfert, merkt auch der Vater der Götter nichts von dem, was sich derzeit unten auf dem Schlachtfeld vor Troja abspielt.[19] Selbst die lauten Schreie einer anderen Gottheit, seiner Tochter Kore, die von Hades entführt worden ist, hört der Zeus des homerischen Hymnus an Demeter nicht: Er sitzt derweilen in seinem Tempel und nimmt von den Menschen Opfergaben entgegen.[20]

Es gilt also zunächst die Aufmerksamkeit der Gottheit zu erringen. Chryses versucht dies auf die Weise, wie es Generationen von Betern auch in spä-

---

bringen.

15 Vgl. hierzu Scheer 2000, 115ff.

16 S. etwa Xenophanes, Frg. 16 (Diels/Kranz); Heraklit, Frg. 5 (Diels/Kranz).

17 Vgl. auch Mikalson 1983, 112, und Scheer 2000, 37.

18 Odyssee 1, 22; Versnel 1981, 29.

19 Ilias 14, 153-353.

20 Vgl. den Homerischen Demeterhymnos 26. Auch die Suche der göttlichen Mutter Demeter nach ihrer entführten Tochter ist lang vergeblich - keine Spur von göttlicher

teren Jahrhunderten tun werden: mit dem Ausruf: Höre mich! κλῦθί μευ! Was er damit sagen will, ist: Lenke deine Aufmerksamkeit auf mich! Höre mir zu![21]

3 Komm!

Die Aufforderung "Höre mich!" genügt einem griechischen Beter, der mit den Göttern Kontakt aufnehmen möchte, oftmals nicht: mit gutem Grund. Wenn die Aufmerksamkeit der Götter mit ihrem momentanen Aufenthaltsort zusammenhing, so kam diesem besondere Bedeutung zu. An keinem Ort auf Erden konnte man sich jedoch der Anwesenheit der Gottheit von vornherein sicher sein. Dies galt auch für ihre Heiligtümer. Besonders Apollon, den Chryses anruft, erscheint in den Quellen als ein Gott, der ständig umherschweift: Berühmt ist die delphische Überlieferung, er weile im Winter in der Ferne, bei den Hyperboreern. Im Frühjahr, so überliefert Diodor, versuchte man ihn mit besonderen Herbeiruf-Hymnen, ὕμνοι κλητικοί, herbeizurufen.[22] Entsprechend dramatisch beschreibt etwa Kallimachos in seinem Apollonhymnus die Ankunft des Gottes in seinem Tempel: Die Schwelle zittert, als er eintritt.[23]

Für den Beter heißt dies allerdings: Möglicherweise ist die Gottheit nicht anwesend und das Gebet wird ungehört verhallen. Folglich beschränken sich griechische Gebete häufig nicht auf die Aufforderung an den Gott, doch gnädig zu *hören*. Sie verbinden diese vielmehr mit der Aufforderung *"Komm herbei"* – damit du hören kannst. So bittet etwa Sappho ihre Göttin Aphrodite, sie möge vom Himmel herniedersteigen und herbeikommen.[24]

Allwissenheit.

21 Vgl. auch Ilias 10, 276ff. die Gebete des Diomedes und Odysseus: "Durch die finstere Nacht nur hörten sie rauschen den Vogel. / Freudig vernahm Odysseus den Flug und rief zu Athene: / 'Höre mich (κλῦθί μευ), Tochter des Aigiserschütterers, die du mich immer / schirmst in jeder Gefahr und wo ich gehe, Athene! / Laß uns mit Ehren bedeckt zurück zu den Schiffen gelangen / nach gewaltiger Tat, den Troern zum schlimmen Gedächtnis!' / Nun als zweiter flehte der Rufer im Kampf Diomedes; / 'Höre auch du mich jetzt (κέκλυθι νῦν καὶ ἐμεῖο), Zeus' unbezwingliche Tochter! / Folge mir, wie du dem Vater, dem göttlichen Tydeus gefolgt bist.'"

22 Diodor 2, 47, 1ff.; vgl. die Dionysosanrufung der Eleer (PMG 871 = Plut. mor. 299b): ἐλθεῖν ἥρω Διόνυσε / Ἀλείων ἐς ναόν, / ἁγνὸν σὺν Χαρίτεσσιν / ἐς ναόν / τῷ βοέῳ / ποδὶ θύων. / ἄξιε ταῦρε, ἄξιε ταῦρε. Menander Rhetor (III 334 Spengel) erwähnt diese Hymnen erstmals als eigene Gattung, bezeugt sind sie jedoch schon weitaus früher; vgl. die Parodie bei Aristophanes, Ritter 147ff.: Hier soll der Blutwursthändler herbeigerufen werden; dafür, daß es nötig ist, den Gott erst herbeizurufen, vgl. auch Scholien zu Aristophanes, Frösche 479. Sophokles, Antigone 1140; Euripides, Bakchen 1017ff. S. auch Schwenn 1927, 8; Bremer 1981, 194; Versnel 1981, 29; Pulleyn 1997, 173.

23 Kallimachos, Apollonhymnos 1ff.; vgl. die Parallelen bei Vergil, Aeneis 3, 89: Aineias auf Delos.

24 Sappho, Frg. 1, 2, 1 (Voigt); vgl. auch Sappho, Frg. 1, 1, 5ff. (Voigt).

4 Du, der du heißt!

Für den griechischen Beter, den Anhänger eines polytheistischen Systems, dessen Götter zum einen nicht allwissend und zum anderen sehr zahlreich waren, war es empfehlenswert, den Adressaten seines Gebets deutlich zu benennen. Hesiod, neben Homer die zweite Autorität für die griechischen Vorstellungen von den Göttern, hatte von 30.000 Unsterblichen gesprochen, mit denen man rechnen mußte.[25]

Die Anrede sollte darüber hinaus die richtige sein: Zwar genügt im Normalfall der Name der angesprochenen Gottheit, jedoch gab es hier Variationsmöglichkeiten, die den Erfolg je nach Vorstellung des Beters verbessern mochten. Geläufig war die Verwendung eines oder mehrerer Epitheta. Der Priester Chryses läßt sogar den "Hauptnamen" seines Gottes zugunsten einer Gruppe spezifizierender Beinamen wegfallen, wenn er Apollon als "Gott mit dem Silberbogen" anspricht, als den, "der Chrysa und Killa umwandelt", als den, "der Herrscher über Tenedos ist", und schließlich als "Smintheus".

Man fragt sich, warum Chryses den Sachverhalt in dieser Weise verkompliziert. Hier mögen durchaus dichterische Gründe eine Rolle spielen. In dem Vers, der dem eigentlichen Gebet vorangeht, hat der Dichter deutlich gemacht, daß es sich um Apollon handelt, und scheut möglicherweise eine Wiederholung. Die Spezifizierung einzelner Gottheiten durch charakteristische Beinamen ist durchgehend typisch für das homerische Epos.

Die Funktion der Götter-Epitheta im griechischen Gebet geht aber über bloß sprachliche Erwägungen hinaus. Dies dürfte durch drei hauptsächliche Ursachen bedingt sein: Zum einen erlauben die Epitheta, die Gottheit auf passende Weise zu loben; man macht sie sich durch besonders ehrfürchtige oder preisende Anrede geneigt: In diesem Sinne spricht Chryses Apollon als "Herrscher über Tenedos" an, preist Sappho Aphrodite als "Herrin auf goldenem Thron", rufen die Eleer den Dionysos als "würdigen Stier" an.[26]

Zum anderen kann sich eine solche Anrede wohl auch auf eine spezifische Qualität der Gottheit beziehen, auf die es dem Beter im Moment ganz besonders ankommt: Chryses nennt Apollon nicht etwa "Führer der Musen" oder "Herr von Pytho",[27] was die musischen oder divinatorischen Qualitäten des Gottes in Erinnerung rufen würde. Als "Herr mit dem silbernen Bogen", als bewaffneter, machtvoller Gott, soll Apollon sich von Chryses angesprochen fühlen, als derjenige, der eben diesen Bogen zugunsten des Beters gebrauchen soll.

Schließlich besteht die Möglichkeit, durch topographische Epitheta, etwa "der du Chrysa und Killa umwandelst" – gemeint ist wohl "beschützend umrundest" –, die bestimmte örtliche Ausprägung eines Gottes anzusprechen,

25 Hesiod, Werke und Tage 249ff.
26 Sappho (Anm. 24); PMG 871 = Plut. mor 299b, vgl. oben Anm. 22.
27 Vgl. etwa Ilias 1, 604f.

der sich der Beter besonders verbunden fühlt. Möglicherweise hat er sich die Gottheit durch eine Gabe am genannten Ort verpflichtet, oder aber wie im Fall des Chryses bezieht er sich auf das Heiligtum, in dem er selbst Apollon als Priester dient.[28]

Angerufen mit einer solchen Reihe von Epitheta kann sich die Gottheit offenbar ebenso deutlich – oder im Sinne des Beters noch spezifischer – wiedererkennen und angesprochen fühlen wie bei der Nennung des Hauptnamens. Insgesamt haben die Epitheta in der Kommunikation mit den Göttern unterstützende Funktion: Sie anzuwenden ist ratsam, aber nicht Vorschrift. Und es bleibt jedem Beter vorbehalten, die Beinamen zu wählen, die er für die passendsten hält.[29]

Die Anrufung der Gottheit durch ihren göttlichen Namen, verstärkt durch charakterisierende Beinamen, soll diese aufhorchen lassen und zum Zuhören bringen. Die Namensnennung ist im Gebet der Griechen aber kein magischer Akt, also keine feste Formel, die den gewünschten Gott herbeizwingt oder ihn gar "hörig" macht.

Deshalb gibt es – im Gegensatz zu Rom – auch keine Götternamen, die man geheim halten muß, weil sie sonst etwa den Feinden Macht über die Stadtgottheit geben könnten.[30] Daß solche möglicherweise im Mysterienritual vorhanden waren, steht auf einem anderen Blatt – dann fiel ihr Offenbarungsverbot unter die allgemeine Geheimhaltungspflicht, die für Mysterien galt. Auch feste Gebetsformeln, die etwa nur der Priesterschaft bekannt wären, sind nicht üblich.[31] Das Fehlen fester Formeln hat zur Folge, daß formale Fehler beim Beten keine Probleme nach sich ziehen. Verspricht sich der Beter, stottert oder stockt er, so macht das sein Gebet nicht ungültig – anders als in Rom.[32] Davon abgesehen dürfte man sich durchaus bemüht haben, schöne, passende und fließende Worte zu finden, welche die Geneigtheit des angesprochenen Gottes steigerten, zu kommen und zu hören.[33] Häßliche

28 Auch den Beinamen Smintheus führt Apollon besonders in der Troas: Vgl. Strabon 13 p. 605; dazu Pfister 1927, 726.

29 Die Bedeutung der "richtigen Nennung des Gottesnamens", d. h. eines ganz bestimmten und ausschließlich gültigen Namens oder Beinamens ist für die griechische Religion mitunter – etwa bei Wünsch 1904, 97 – überschätzt worden.

30 Pulleyn 1997, 96, meint richtig, die Griechen hätten diese spezifisch römische Neurose nicht geteilt.

31 Vgl. Burkert 1977, 128, der darauf hinweist, es habe in Griechenland keine "uralten Gebetsformeln" wie etwa das Arvallied in Rom gegeben.

32 Versnel 1981, 16.

33 Zur Bedeutung der "euphemia", des schönen Redens im Gegensatz zur "blasphemia" gegenüber den Göttern, s. Burkert 1977, 126.

Worte, absichtlich ausgesprochen, verminderten nach Ansicht der Griechen die Erfolgschance beim Opfergebet.[34]

5 Die Ohren der Gottheit: Dringlichkeitssteigerung

Um den Erfolg eines Gebets in Griechenland wahrscheinlicher zu machen, verließen sich die Betenden meist nicht auf "bloße Worte" – ob es sich nun um private Anliegen oder um öffentliche Gebete für das Wohl der Polis handelte. Auch der Ort, an dem man sich an die Götter wandte, konnte auf die Erhörung Einfluß haben.

Freilich war es überall möglich, das Wort an die Götter zu richten, am Straßenrand ebenso wie im eigenen Haus oder an Bord eines Schiffes.[35] Bestimmte Orte boten allerdings ganz offensichtlich besonders günstige Voraussetzungen, daß die Botschaft den göttlichen Adressaten erreichte. Solche Orte waren in erster Linie die Heiligtümer. Dort wurde an vielen Zeugnissen, an Weihgeschenken und Inschriften offenbar, daß die Gottheit an dieser Stelle bereits eine Menge anderer Gebete hatte Erfolg haben lassen.[36]

Innerhalb der Heiligtümer scheinen Tempel und Götterbilder für die Beter von besonderer Bedeutung gewesen zu sein. Zwar wird immer wieder die Meinung vertreten, griechische Tempel seien – im Gegensatz zu christlichen Kirchen – gerade *keine* Gebetsräume für die Gemeinde, sondern nur verschlossenes Haus der Gottheit, Schrein für das Kultbild. Diese Vorstellung ist nicht völlig zu verwerfen: Bei den Festen der Polis versammelten sich die Teilnehmer nicht in der Tempelcella, sondern vor der Tempelfront am im Freien gelegenen Altar. Entsprechend befand sich dann auch der Repräsentant der Polis, der Priester, außerhalb des Tempels.

Die These, daß die Tempel jedoch für die Beter meist nicht zugänglich und letztlich auch nicht besonders wichtig gewesen seien, läßt sich so nicht halten.[37] Die antiken Quellen zeigen deutlich, daß zahlreiche Beter ihr Anliegen innerhalb des Tempelgebäudes, vor dem Bild der Gottheit vorbringen wollen – und mit diesem Wunsch nicht vor verschlossener Tür stehen.[38]

---

34 S. etwa Aristophanes, Frieden 96: "Andächtig und still! Und muckse dich nicht mit garstigem Wort! Frohlocke vielmehr!" Oder Theophrast, Char. 11, der den "Flegel" folgendermaßen charakterisiert: "Macht sich seine Mutter zu einem Vogelwahrsager auf, so ruft er Worte von schlimmer Vorbedeutung aus. Wenn andere beten oder opfern, wirft er seine Schale hin und lacht, als hätte er wunder was vollbracht."

35 Vgl. etwa das Beispiel des Aristides, der beim Verlassen der Stadt betet: Plutarch, Aristides 7, 6. Zum Beten "im Vorübergehen", wenn man an einem heiligen Ort vorbeigeht, vgl. Pulleyn 1997, 161 und 165, der gegen Aubriot 1994, 3-18, darauf hinweist, dies sei nicht Pflicht jedes Passanten gewesen.

36 Rouse 1902.

37 Corbett 1970.

38 So richtig auch Versnel 1981, 32; ebenso Aubriot-Sévin 1992, 88; Scheer 2000, 66ff.

Chryses ist zwar gezwungen am Strand des Meeres zu beten – er befindet sich fern ab vom Tempel seines Gottes beim Lager der Griechen. Bereits innerhalb der Mauern Trojas aber zeigt sich, daß das Gebet im Tempel als besonders erfolgversprechend gilt und auch durchaus möglich ist: Hekabe und die Frauen von Troja lassen sich etwa von der Priesterin den Tempel der Athena aufsperren.[39] Auch ein viel späteres Zeugnis, ein Gedicht aus den Mimiamben des Herondas aus dem 4. Jh. v.Chr., spricht von einer Gruppe Frauen, die, nachdem sie ihr Opfer dargebracht haben, völlig selbstverständlich den Asklepiostempel zum Gebet betreten.[40] In der Kaiserzeit überliefert Pausanias vom Tempel der Aphrodite von Sikyon, für dieses Heiligtum gelte die Sonderregel, nur die Priesterin und eine Jungfrau dürften den Tempel betreten: "Die anderen", so Pausanias, "müssen die Göttin vom Eingang her sowohl sehen als auch anbeten."[41] Normalerweise, so läßt sich folgern, hätte man den Tempel betreten und sein Gebet am Götterbild verrichten können.[42]

So manchem griechischen Beter haben der Zutritt zum Tempel und Blickkontakt mit der Statue offenbar noch nicht genügt: Nicht nur vor dem Götterbild wollte man sein Gebet sprechen, sondern – wenn irgend möglich – sogar in unmittelbarem Kontakt zum Bild. Wozu der Wunsch nach Berührung von Götterbildern manchmal führte, zeigt sich im Herakleskult im sizilischen Agrigent: Der Eifer der Beter, das Bild zu küssen und zu berühren, war so groß, daß das Gesicht der Bronzestatue zur Zeit Ciceros bereits sichtlich Schaden genommen hat. Mund und Kinn seien schon recht abgewetzt gewesen.[43] So manches Berührungstabu, so manche Beschränkung beim Betreten eines Tempels war wohl weniger die Folge lokaler kultischer Eigenheiten als Folge der Notwendigkeit, göttliches Eigentum vor Beschädigung zu schützen.

Mit der Berührung des Götterbilds scheint mitunter der Wunsch verbunden gewesen zu sein, das Gebetsanliegen der Gottheit ganz unmittelbar ins Ohr zu sprechen.[44] Pausanias beschreibt dies als lokale Üblichkeit im Fall ei-

39 Ilias 6, 297.

40 Herondas, Mimiamben 4, 55f. Kynno: "He du bleib hier jetzt! Denn die Tür ist offen, / der Vorhang aufgezogen."

41 Pausanias 2, 10, 4.

42 Vgl. etwa auch Achilleus Tatios, Leukippe und Kleitophon 4, 1, 6.

43 Cicero, Verr. 2, 4, 94-95. Zu Küssen für die Götterbilder s. etwa auch Chariton 2, 2, 7. Man hebt die Kinder in die Höhe, damit auch sie die Hausgötter durch Küsse verehren können: Prudentius, Gegen Symm. 1, 208-10.

44 Weinreich 1912, 46ff., hat die Hypothese vertreten, Ohrenweihungen in den Heiligtümern hätten sich auf Erhörung, nicht auf Heilung von Ohrenkrankheiten bezogen. Ohren am Altar, "die man zuweilen anbrachte", hätten eigentlich die Stelle bezeichnet, an der das Gebet erhört wird. Für die Ohren am Altar gibt Weinreich vielleicht nicht zufällig keine Belegstelle an. Die These müßte m. E. grundsätzlich erst noch anhand des genauen Befunds überprüft werden: Finden sich Votivohren etwa in allen Heiligtümern gleichmäßig, oder speziell in Asklepieien, sind sie im Vergleich zu anderen Votivgliedmaßen in auffälliger Überzahl? Ohren an der Wand eines Isistempels (!) in Ostia, wie sie Weinreich 1912, 57, anführt, sagen weder über griechische

ner Statue des Hermes im arkadischen Pherai. Dieser Hermes war im Freien aufgestellt, was die Sache vereinfachte. Götterbilder in Tempeln bestanden hingegen oft aus empfindlichen, kostbaren Materialien und waren durch Schranken vor zu enthusiastischen Verehrern geschützt. In solchen Fällen blieb den Betern nur der Versuch, den Tempelwächter zu bestechen.[45]

Mitunter kam es offenbar sogar dazu, daß Beter ihre persönlichen Gebetsanliegen unmittelbar auf die Statue zu schreiben oder beschriebene Zettel an ihr festzunageln oder anzukleben versuchten. Die Quellen für den griechischen Bereich sind allerdings nicht so zahlreich, wie H. Versnel suggeriert.[46] Daß die Verantwortlichen – die Polis oder der von ihr bestellte und ihr verantwortliche Priester – zugelassen hätten, daß ein Götterbild auf diese Weise verunreinigt und beschädigt worden wäre, ist eher unwahrscheinlich. Die sog. "Heiligen Gesetze", Inschriften mit 'Hausordnungen' und Kultvorschriften für die verschiedensten griechischen Heiligtümer, sprechen eine andere Sprache.[47] Hier werden bereits viel weniger handgreifliche Dinge verboten, die lediglich als optische Beeinträchtigung charakterisiert werden könnten: So ist es z.B. meist nicht erlaubt, ein privates Weihgeschenk ohne Billigung des Priesters in der Nähe des Kultbilds anzubringen, weil es die Sicht der anderen Verehrer auf das Götterbild beeinträchtigt.[48]

Berührung ist beim Gebet der Griechen aber doch zumindest ein begleitendes und ergänzendes Medium. Dieses Medium unterlag der Kontrolle durch das Tempelpersonal. Der Zutritt zu den Heiligtümern, zu Altar, Tempel und Kultbild – so berichten uns Inschriften wie auch literarische Quellen – konnte bestimmten Regeln unterliegen, die sich von Ort zu Ort und von Heiligtum zu Heiligtum unterschieden.[49]

Zwar lassen die Quellen die Schlußfolgerung zu, daß man sich beim Gebet um Nähe zum Götterbild bemühte. Auf eine bestimmte Körperhaltung

---

noch über traditionell römische Gebetsgewohnheiten etwas aus. Versnel 1981, 30 Anm. 116, und 36 ist Weinreich wohl etwas zu unkritisch gefolgt.

45 Seneca, Brief 41, 1; Pausanias 7, 22, 2 (Pherai).

46 Versnel 1981, 32, meint, es gebe viele indirekte Zeugnisse dafür, daß man Wachstafeln mit dem Anliegen am Bild befestigt, oder direkt auf das Bild geschrieben hätte; die direkten seien mit dem Bild verloren gegangen. Diese "indirekten Zeugnisse" erläutert Versnel leider nicht näher. Die Quellenstellen, die er anführt, stammen jedenfalls sämtlich erst aus der römischen Kaiserzeit. Aus dem griechischen Bereich läßt sich m. E. kein Beleg finden, daß solches Verhalten der Beter geduldet worden sei. Zwischen dem Wunsch der Verehrer, Votivtafeln in der Nähe des Kultbildes aufzustellen, und dem Ankleben oder Annageln derselben am Götterbild ist denn doch ein großer Unterschied.

47 Sokolowski 1955, 1962 und 1969.

48 Zur verbreiteten Absicht dies zu tun, vgl. Herondas, Mimiamben 4, 19f.: Eine der Frauen fordert ihre Gefährtin auf, die Votivtafel möglichst nah am Götterbild aufzustellen: "Stell du die Tafel, Kokkale, zur Rechten / der Hygieia auf ...".

49 Hewitt 1909.

war der Beter wiederum nicht verpflichtet. Zumeist scheinen die Griechen stehend gebetet zu haben.[50] Zur Begrüßung warfen sie dem Götterbild eine Kußhand zu bzw. versuchten offenbar in manchen Fällen, die Statue unmittelbar zu küssen. Die Hände streckten sie der Gottheit entgegen: bei einer olympischen Gottheit wohl nach oben, beim Gebet an einen unter der Erde wohnenden Gott nach unten.[51] Stand man vor einem Götterbild, so war die waagrechte Haltung der Arme wohl die passendste. Ob die Griechen ihre Gebete auch auf Knien verrichtet hätten, war lange Zeit umstritten.[52] Der Normalfall scheint es nicht gewesen zu sein. Nur in äußerster Bedrängnis wirft man sich vor dem Götterbild nieder oder "flicht" sich um dieses.[53] So hängt die Gebetshaltung der Griechen vor allem von der Dringlichkeit ihres Anliegens ab.

50 Muth 1988, 147; Bremmer 1996, 242.

51 Nach oben: Ilias 15, 371 (Nestor an Zeus); Pindar, Isthmien 6, 41: Herakles an Zeus; Aristoteles, de mundo 400a16: "Denn wir Menschen alle strecken die Arme zum Himmel, wenn wir unsere Gebete verrichten"; Plutarch, Aristides 7. S. auch Groß 1985, 21f. Die Unterweltsgötter seien schwieriger zu erreichen gewesen, meint Burkert 1977, 129. Vgl. auch Ilias 9, 568: die Betende schlägt mit den Händen den Boden, um Hades zu erreichen; ähnlich Homerischer Apollonhymnos 333 und Euripides, Troerinnen 1305.

52 Ablehnend Burkert 1977, 128 unter Verweis auf Eusebios, Kirchengeschichte 5, 5, 1. Pulleyn 1997, 189, wendet sich mit Recht gegen die Vorstellung, die etwa noch von Weinreich 1912, 57, vertreten wurde, auf Knien habe man sich speziell an die Unterweltsgötter gewandt, die Haltung habe einen flächigeren Kontakt mit dem Erdboden herstellen sollen. Ebenfalls ablehnend Aubriot-Sévin 1992, 498, die hinzufügt, kniende Haltung beim Gebet müsse wohl mit lebensnotwendigen Forderungen in Verbindung gebracht werden, wohingegen aufrechte Haltung mit der Gottheit zugewandtem Gesicht eher als "Gesprächshaltung" zu interpretieren sei. Sie könne ebenso für eine Forderung an den Gott stehen wie auch Ausdruck der Ehrerbietung des Beters sein.

53 Bolkestein 1929, 32ff.; van Straten 1974, 183; Bremmer 1996, 242, weist darauf hin, die Darstellungen Schutzflehender zeigten fast nur Frauen, die sich kniend den Schutz der Gottheit erbäten. Er schließt daraus, daß der männliche Bürger diese Haltung als seiner sozialen Stellung unangemessen empfand und sie nach Möglichkeit vermieden hat.

6 Reziprozität: Gebet und Opfer

Der antike Beter in Griechenland versuchte also den rechten Ort und die richtigen Worte zu finden. Er trug sein Anliegen vor, sprach es womöglich dem Tempelbild unmittelbar ins Ohr.

Wenn er damit die Gottheit zum Zuhören bewegen konnte, so war damit letztlich Er-hörung noch nicht garantiert. Dies ist ein Grund, weshalb man sich mit den genannten Mitteln nicht begnügte. Die Griechen – und dies ist ein Unterschied, der ihre Art des Betens am allermeisten von der christlich vertrauten Art und Weise trennt – verbanden fast immer religiöses Wort und religiöse Aktion.[54] Den Göttern – vor allem dann, wenn man etwas von ihnen erbat – trat man nicht mit leeren Händen gegenüber. Entsprechend häufig wurde ein Gebet von einem Geschenk an die Gottheit begleitet.[55]

J. Pulleyn hat die "Reziprozität" das wichtigste Element im Verhältnis der betenden Griechen zu ihren Göttern genannt.[56] Hierin ist ihm Recht zu geben. Nicht nur die Römer befolgten das Prinzip "do ut des". Es findet sich im griechischen Gebetsverhalten ebenso, wenn vielleicht auch nicht so stark formalisiert wie im römischen Bereich. Und so verwundert es nicht, daß Gebet und Opfer in Griechenland sowohl im Fall des privaten als auch des öffentlich repräsentativen Gebets eine ausgesprochen enge Verbindung eingehen.[57]

Parallel zum Problem der richtigen Ortswahl für ein Gebet zeigt sich auch das Verhältnis von Gebet und Opfer. Es war problemlos möglich, die Götter anzurufen, ohne daß man ihnen ein Opfer darbrachte – ohne Gebet zu opfern kam hingegen wohl nicht vor. Eine begleitende Gabe – groß oder klein – erhöhte aber nach Ansicht des Beters ebenso wie der richtige Ort die Wahrscheinlichkeit gnädiger göttlicher Präsenz. Sie war dringend empfehlenswert, wenn man die Götter ehren, ihnen danken oder sie um etwas Gutes bitten wollte.[58]

Sieht man sich am Straßenrand oder, wie Chryses, alleine am Meeresstrand plötzlich mit leeren Händen in der Situation, eine dringliche Bitte an die Götter richten zu müssen, so reagieren die griechischen Beter analog: Sie verweisen auf Geschenke und Opfer, die sie der angerufenen Gottheit bereits in der Vergangenheit bereitet haben. So behilft sich auch Chryses, wenn er Apollon zuruft: "Hab ich dir jemals erbaut den prangenden Tempel, oder hab ich dir je von erlesenen Rindern und Ziegen fette Schenkel verbrannt", dann – so der Beter weiter – "gewähre mir dieses Verlangen." Der Redner Lysias spricht im 4. Jh. v.Chr. von den Stoßgebeten der Salamiskämpfer, die die

54 S. Burkert 1977, 126. Pindar, Olymp. 6, 78; als Ausnahme in der Tragödie nennt Pulleyn 1997, 9f.: Sophokles, Philoktet 779ff.

55 Bremmer 1996, 241.

56 Pulleyn 1997, 7 und 31.

57 Pulleyn 1997, 159.

58 Vgl. Versnel 1981, 46.

Götter ebenfalls auf vergangene Wohltaten verweisen:[59] "Welche Art von Bittgebeten und Erinnerungen an Opfer fand nicht statt?" Diese Kategorien "Bittgebete und Erinnerungen" werden förmlich in einem Atemzug genannt.

Neben Verweisen auf die Vergangenheit besteht für jemanden, der gerade kein Opfer darbringen kann oder kein Geschenk für die Gottheit zur Hand hat, auch die Möglichkeit, dem Gott für die Zukunft Versprechungen zu machen, ein Gelübde abzulegen, das er einzulösen verspricht, wenn die Gottheit seinen Wunsch erfüllt hat. Ein Beispiel hierfür stammt – wie Chryses' Gebet – aus der Ilias. Die Frauen von Troja, an ihrer Spitze die Königin Hekabe und die Priesterin Theano, versprechen Athena, sie wollten ihr dann zwölf Rinder darbringen, wenn sie den Speer des Diomedes zerbräche und sich der Stadt erbarme.[60]

In besonderen Fällen können preisende Worte an die Gottheit selbst zum Geschenk werden, das ihr Freude bereitet: dann nämlich, wenn ihr ein Hymnus gewidmet wird.[61] Das Vorhandensein von Hymnen an einzelne griechische Götter hat erst neuerdings wieder zu dem Mißverständnis geführt, es habe doch "Gebetbücher", vorgeformte, festgelegte Gebetstexte bei den Griechen gegeben.[62] Die Gleichsetzung von Gebet und Hymnus ist jedoch irreführend.[63] Daß im einen oder anderen Fall Hymnen schriftlich festgehalten und zu verschiedenen Gelegenheiten, auch an verschiedenen Orten aufgeführt wurden, widerspricht dem nicht.[64] Die Hymnen sind als kunstvoll produzierte und kostspielige Loblieder auf die Gottheit zu verstehen. Inhaltlich tritt hier die Bitte zugunsten des Lobpreises der göttlichen Tugenden zurück.[65] Zum einen war ein Hymnus, den der Auftraggeber bei einem Dichter bestellte, bereits für sich genommen ein wertvolles Geschenk an die Gottheit.[66] Darüber hinaus war es jedoch auch möglich, etwa die Einstudierung eines bekannten Hymnus durch mitunter vielköpfige Chöre zu finanzieren und die Aufführung der Gottheit als Gabe darzubringen.[67] Mit einer festgelegten Liturgie hatte dies jedoch nichts zu tun.

59 Lysias 2. 39.

60 Ilias 6, 304.

61 So richtig die Unterscheidung von Hymnus und Gebet bei Pulleyn 1997, 55; s. auch Aubriot-Sévin 1992, 500, die meint, Tanz und Gesang seien für ein normales Gebet nicht notwendig.

62 Klinghardt 1999.

63 Vgl. auch Bremmer 1996, 243, der von der strukturellen Ähnlichkeit von Hymnen und Gebeten spricht, aber betont, sie hätten unterschiedliche Funktionen.

64 Bremer 1981, 208ff. mit Beispielen.

65 Platon hält "Beten" und "eine Forderung an die Götter stellen" für identisch: Euty-phron 14c. S. etwa auch Gigon 1965, 1028; Bremer 1981, 197 meint den Schwerpunkt in Hymnen enthaltener Bitten auf den öffentlichen Bereich feststellen zu können, die Seltsamkeiten persönlicher Bitten fehlten hier.

66 So richtig schon Versnel 1981, 52.

67 Aristophanes, Thesm. 969ff.; Versnel 1981, 53; Bremer 1981, 198f.

7 Die Ohren der Menschen: Soziale Kontrolle

7.1 Lautes und leises Beten

Gebete in der griechischen Antike hatten vordergründig nur einen Adressaten: die angesprochene Gottheit. Äußerliche Faktoren bewirkten allerdings, daß es sich auch bei persönlichen Gebeten nicht um reine Privatangelegenheiten handelte. Der wichtigste Punkt hierbei ist wohl folgender – auch dies wieder ein Unterschied zum Christentum: Die griechische Antike betet laut. Das Anliegen an die Gottheit deutlich hörbar zu formulieren, ist im öffentlichen wie auch im privaten Gebet üblich.[68] Für die antiken Quellen ist das so selbstverständlich, daß es normalerweise nicht eigens erwähnt wird – ähnlich wie im Fall des lauten Lesens.[69] Auch Chryses richtet sein Gebet nicht im Stillen und auf der Stelle an Apollon. Stattdessen geht er ein Stück beiseite, so daß die griechischen Feinde ihn nicht hören können, und betet dann "zum Herrscher Apollon". Ein lautes Gebet ist offensichtlich in diesem Fall nicht ratsam, ein stilles Gebet aber nicht üblich.[70]

Die erste und eigentliche Ursache für die Gewohnheit lauten Betens mag zunächst wieder in der Vorstellung begründet sein, der Gott solle das Anliegen auch wirklich hören können: man möchte ihn ganz konkret auf sich aufmerksam machen. Eine Folge dieser Gewohnheit im Alltag eines griechischen Beters ist allerdings, daß auch andere Menschen mithören können.[71] Besonders an den erfolgversprechendsten Orten für Gebete, in den Heiligtümern, wird so soziale Kontrolle ausgeübt.

---

68 Vgl. aber etwa Xenophon, Symp. 4, 55; Chariton 3, 8; Xenophon von Ephesos 1, 10.

69 Vgl. Schmidt 1907, 55-71; Sudhaus 1906, 189; van den Horst 1994, 1; Aubriot-Sévin 1992, 498.

70 Ilias 1, 35; Sudhaus 1906, 194. In seltenen Fällen hat auch das Epos "leise Beter", z. B. Ilias 7, 195: Als Aias sich bewaffnet, bittet er seine Gefährten, leise für ihn zu beten. Der Feind soll nicht mit einem Gegengebet reagieren können. Ähnlich auch Ilias 23, 769: Odysseus betet leise zu Athena bei den Leichenspielen für Patroklos: er möchte den Wettlauf gewinnen; Burkert 1977, 127, s. auch Pulleyn 1997, 185; van den Horst 1994, 2. Auch einem erschöpften Schiffbrüchigen, wie Odysseus kann die Kraft zum lauten Gebet fehlen: van den Horst 1994, 2. – Auch in der Tragödie gibt es Situationen, in denen man gezwungen ist, leise zu beten: Euripides, Elektra 808, wo Orestes die Götter leise um das Gegenteil von Aigisthos' Anliegen bittet; Bremmer 1996, 242. Ein weiterer Grund, leise zu beten, kann ein Wunsch aus dem erotischen Bereich sein: Vgl. etwa das stille Gebet der Ladike, der Frau des Amasis, an Aphrodite bei Herodot 2, 181; van den Horst 1992, 4. Daß die Lautstärke in der Antike eine Rolle spielt und auch gegenüber dem Gott den Dringlichkeitsgrad des Anliegens demonstriert, zeigt ein Beispiel bei Juvenal 10, 289: Wenn eine Mutter im Tempel der Venus um Schönheit für ihre Kinder betet, so spricht sie im Fall des Mädchens lauter als beim Knaben; van den Horst 1992, 5.

71 Vgl. etwa Xenophon, Symp. 4, 52-56: "Das hörte ich doch schon jüngst von dir", fiel Philippos ein, "als du zu den Göttern betetest, sie möchten dir, wo du auch seist, Überfluß an Nahrung, an Geist aber Unfruchtbarkeit geben."

Lautes Beten gilt als so selbstverständlich, daß jemand, der still betet oder unverständlich murmelt, sich verdächtig macht. Zeugen solchen Benehmens werden annehmen, der Flüsterer bitte die Götter um unrechte oder unsittliche Dinge, wie die Erlangung der Tyrannis oder den Tod seines Nachbarn.[72] Stilles Beten kann schließlich vor Gericht gegen den Angeklagten verwendet werden; es deutet darauf hin, daß der Betreffende sich mit verbotenen magischen Praktiken abgibt, die der Stadt und den Mitbürgern zum Schaden gereichen können.[73] Eine Verurteilung wegen Schwarzer Magie zieht die Todesstrafe nach sich.[74] Erst viel später, als sich die religiösen Vorzeichen auch in den griechischsprachigen Provinzen des römischen Reiches geändert haben und den "Heiden" die Ausübung ihres Kultes untersagt wird, sehen sich die Nichtchristen entgegen ihrer Gewohnheit gezwungen, still und verborgen zu den alten Göttern beten.

7.2 Worum man betet: Gebetsinhalte

Was aber wissen wir nun über die Anliegen, die sich die Götter der Griechen anhören mußten? Aus nichtliterarischen Quellen sind uns erstaunlich wenige Gebetstexte erhalten.

Versnel hat dieses Problem zu lösen versucht, indem er Anfragen beim Orakel von Dodona, die sich auf Bleitäfelchen erhalten haben, mit antiken Gebetsinhalten gleichgesetzt hat.[75] Dies ist methodisch nicht ganz korrekt, da es sich in Dodona um neutrale Fragen an die Gottheit handelt, die von jeglicher Bitte zur Verbesserung der Lage des Fragestellers absehen. Die Fragen an das Orakel lassen nicht erkennen, in welche Worte der Beter nun ein entsprechendes Anliegen gekleidet hätte, ob er es an dieselbe Gottheit am selben Ort gerichtet und mit welchen Beigaben und Versprechungen er es begleitet hätte. Die Frage "Soll ich eine Seereise antreten?" könnte die verschiedensten speziellen Bitten an die Gottheit zur Folge haben, im Sinne von: "Beschütze mich auf See vor Sturm, Schiffbruch oder auch nur Seekrankheit!", über "Laß meine überseeischen Geschäfte erfolgreich sein!", bis hin zu "Laß meine Frau mir während dieser Reise nicht untreu werden oder im Kindbett sterben!" Keine dieser drei Möglichkeiten offenbart uns das Täfelchen aus Dodona – entsprechend problematisch ist Versnels Gleichsetzung. Es sei allerdings zugestanden, daß die Anfragen in Dodona durchaus einen unmittelbaren Einblick gestatten in die Probleme, die die Griechen im

72 Diese Vorstellung wurde bereits dem Pythagoras zugeschrieben: Clemens von Alexandria, Strom. 4, 26 (171.1).

73 Van den Horst 1992, 7.

74 Man denke etwa an die Verteidigungsrede des Apuleius (Apologia 54), bei der jener sich eben gegen jenen Vorwurf wehrt: Sudhaus 1906, 197, Versnel 1981, 26.

75 Versnel 1981, 4ff.

Alltag bewegten. Daß sie die Lösung dieser Probleme im Gebet von den Göttern erflehten, ist naheliegend.

So bleibt aber auf weite Strecken nur der kritische Blick auf literarisch überlieferte Gebete, will man Einzelheiten über Gebetsinhalte erfahren. Besonders ergiebig zeigen sich hier die homerischen Texte sowie die Dramatiker. Meist wird die Bitte im Imperativ formuliert – um die Dringlichkeit der Forderung gegenüber der Gottheit zu verdeutlichen.[76]

Bei der Überprüfung der Beispiele fällt auf, daß die Beter in der Mehrzahl der überlieferten Fälle sehr konkret, ja geradezu radikal werden:[77] Sie beschränken sich nicht darauf, für sich selbst Gutes zu erflehen, sondern sie wünschen ihren Gegnern im Gebet ganz ausdrücklich Böses – angefangen beim ehrwürdigen Apollonpriester Chryses selbst, der Apollon um tödliche Rache an den Griechen anfleht: "Gewähre mir dieses Verlangen: Räche mit deinem Geschoß meine Tränen an Danaos' Söhnen!"[78] Die griechische Gegenseite im Kampf um Troja erscheint in ihren Gebeten als nicht weniger rabiat:[79] "Laß die Sonne nicht sinken", so betet Agamemnon zu Zeus, "bis ich Hektors Kleid um die Brust mit dem Erz ganz in Fetzen zerrissen habe, und dann sollen gar viele von seinen Genossen um ihn her vornübergestreckt in den Boden mir beißen." Die Gebete der Protagonisten bei Aristophanes erweisen sich als kaum weniger eigensüchtig.[80]

Wir wissen durchaus aus sehr früher Zeit von aufgeklärteren Gemütern mit entwickelterem ethischen Bewußtsein. So fordert etwa Xenophanes, es gehöre sich, daß man mit gutem Herzen die Götter mit reinen Worten preist und um die Fähigkeit gerechten Handels betet.[81] Auch Pindar setzt sich ausdrücklich von den Leuten ab, die um materielle Werte zu den Göttern flehen: Er selbst betet weder um Gold noch um Grundbesitz wie die anderen, sondern darum "daß ich, wenn ich sterbe, bei den Bürgern Gefallen gefunden habe."[82] Letztlich ist allerdings auch Pindars Bitte eine eigensüchtig konkrete:

---

76 Bremmer 1996, 241.

77 Zum Gebetsegoismus Versnel 1981, 17.

78 Der griechische Begriff ἀρά kann sowohl ein Gebet positiven als auch negativen Inhalts, gewissermaßen einen Fluch, bezeichnen: Frisk 1960, I 127, s. v. ara; Burkert 1977, 127.

79 Ilias 2, 400f.; insofern muß die Aussage Bremmers 1996, 241, im Normalfall bitte man um Positives, doch recht eingeschränkt werden.

80 Z. B. Aristophanes, Thesmoph. 282ff.; daß man zu den Göttern nicht nur um alles Gute für sich selbst, sondern auch um alles Schlechte für den Nachbarn beten konnte, zeigt das Beispiel bei Versnel 1981, 7: Der Beter bittet darum, das Pferd des Rivalen solle sich das Bein brechen.

81 Xenophanes: Frg. 1 (Diels/Kranz): "Zuerst sollten Männer guten Herzens die Götter mit schönwortigen Mythen und mit reinen Worten preisen, Libationen machen und beten, zum gerechten Handeln fähig zu sein."

82 Pindar, Nem. 8, 35: Leute beten um Gold, andere um unermeßlich viel Land, ich aber bete, daß ich, wenn ich sterbe, bei den Bürgern Gefallen gefunden habe. Die Herapriesterin bei Herodot 1, 31, formuliert ihren Wunsch an die Göttin ebenfalls

Das Gebet um Gefallen bei den Menschen zu Lebzeiten, persönliche Anerkennung und eventuell Nachruhm unterscheidet sich doch deutlich von der Haltung des Sokrates, man solle die Götter um überhaupt nichts Konkretes bitten, sondern nur darum, einem zu senden, was gut für einen sei.[83]

Sogar Sokrates geht davon aus, daß der Beter ein Anliegen zum eigenen Besten vorbringen wird, also seinen ganz persönlichen Vorteil im Verhältnis zu irdischen Konkurrenten im Auge hat. Diese Konkurrenz will man überflügeln. Bezeichnend für diese offenbar typisch griechische Haltung ist Herodots Kommentar zum Gebetsverhalten der Perser:[84] Verwundert berichtet der Historiker, die Perser beteten immer für den König und alle anderen Perser mit. Einem Griechen – wenn er nicht Repräsentant des Staates oder einer bestimmten Gruppe und folglich beauftragt war, mit seinem Gebet deren Interessen gegenüber den Göttern zu vertreten – kam eine solche "allgemeine Fürbitte" offenbar merkwürdig vor.[85]

Allerdings hatte auch der griechische Gebetsegoismus seine Grenzen: Ob man für ein "böses" Gebet mit göttlicher Strafe rechnen mußte, ist nicht ganz klar, allerdings nicht auszuschließen.[86] Herodot berichtet immerhin von einem betrügerischen Übeltäter, der den Gott in Delphi fragte, ob er geliehenes Geld zurückgeben oder aber unterschlagen sollte: Mit dieser Frage habe Glaukos den Gott so erzürnt, daß sein Leben hinfort unglücklich verlaufen und seine Familie ausgestorben sei.[87] Auch wenn Orakelfragen nicht mit Gebetsanliegen gleichzusetzen sind, so zeigt das Beispiel doch, daß man mit falschen Ansinnen die Götter gegen sich aufbringen und so das Gegenteil von dem erreichen konnte, was man eigentlich angestrebt hatte.

Sollte die göttliche Kontrollinstanz mitunter nachlässig sein, so wirkte gerade bei unrechten Anliegen die schon beschriebene Gewohnheit des lauten

---

weniger konkret.

83 Xenophon, Mem. 1, 3, 2; vgl. auch Platon, Euthyphron 14b-d.

84 Herodot 1, 132: dem Opfernden bei den Persern sei es geradezu verboten, für sich allein um alles Gute zu bitten.

85 Die bei Pulleyn 1997, 164 angeführten Gegenbeispiele (Ilias 6, 476f; 16, 240ff.; Odyssee 3, 381; 17, 354) überzeugen nicht: Wenn jemand für sein Kind oder für seine Familie betet, so ist dies durchaus im eigenen Interesse.

86 Böse Menschen galten grundsätzlich als hinderlich, wenn eine erfolgreiche Bitte an die Götter gesandt werden sollte: Beim Opfergebet für eine Gruppe versicherte man sich offenbar gegenseitig, es seien nur "viele gute Männer" anwesend: s. Aristophanes, Friede 967. Vgl. auch die Interpretation Bremmers 1996, 240, vom Gebet als einer gerechten Bitte. Wenn man im Recht ist, darf man offenbar um die Bestrafung des Gegners beten, so wie es Chryses tut. Vgl. auch Aubriot-Sévin 1992, 508, die den Begriff ἀϱάομαι, der im Fall des Chryses verwendet wird, als ein Wort charakterisiert, das nichts mit Magie, sondern viel mit Gerechtigkeit zu tun hat. Ansonsten betont sie (ebd. 498) die Notwendigkeit einer bescheidenen Haltung des Beters, die sich auch im Inhalt der Bitte spiegeln müsse.

87 Herodot 6, 86.

Betens dämpfend. Wenn jemand den Tod seines Erbonkels oder Nachbarn von den Göttern erflehte, so wagte er dies sicherlich nicht mit lauter Stimme in Gegenwart des Tempelpersonals oder anderer Beter vorzubringen. Bat er die Gottheit leise darum, so machte er sich im Kreis seiner Mitbürger verdächtig. Mit solchen Anliegen wandte man sich speziell an die Götter der Unterwelt. Zeugnis hierfür sind die zahlreichen Fluchtäfelchen, die man etwa in Gräbern gefunden hat.[88]

Wenn der Brauch des lauten Betens so manchem Beter, der sein Anliegen ungern öffentlich aussprach, mitunter als hinderlich erscheinen konnte, so bot dieser Brauch in umgekehrter Hinsicht auch Vorteile und Möglichkeiten, die sich in sozialer und politischer Hinsicht auswirkten.

Ebenso wie unpassendes oder ungebräuchliches Verhalten beim Gebet den Argwohn der Mitbürger erregte, so ermöglichte der Brauch des lauten Gebets ausgesprochen vorteilhafte Gelegenheit zur Selbstdarstellung. Gelobte man mit lauter Stimme vor Zeugen, Opfertiere zu stiften, so hatte dies ausgeprägte Auswirkungen auf das Sozialprestige. Nicht nur bei den schließlich am Opferschmaus Beteiligten war die Botschaft angekommen, daß es sich bei diesem Beter um einen gottesfürchtigen und zugleich wohlhabenden Bürger handelte. Daß Aufwendungen beim Opfer – offenbar auch bei privaten Anlässen – Anlaß zu Stolz und Bewunderung boten, zeigt erneut Theophrasts Eitler: Man versucht, diese Spenden an die Gottheit möglichst demonstrativ anzukündigen und sie immer wieder in Erinnerung zu rufen; deshalb umwindet der Eitle, wenn er einen Ochsen geopfert hat, dessen Schädel und Hörner mit ausladenden Binden und nagelt sie über dem Eingang seines Hauses fest. Jeder Gast soll die Größe seines Geschenks an die Götter sehen können.[89]

Auch andere Ankündigungen und Versprechen, die man im Gebet an die Götter richtete, dürften das Interesse der Mitbürger erregt haben, sei es das Versprechen von Weihgeschenken oder auch von Hymnen. Gelobte ein Bürger der Gottheit etwa ein neues Tempeldach, so war den Zeugen bewußt, daß sie für diese Aufgabe finanziell nicht mehr herangezogen würden. Das Gelöbnis, einen neuen Götterhymnus für das Fest zu stiften oder mit Chören auf eigene Kosten einzustudieren, versprach sowohl finanzielle Entlastung als auch Unterhaltung der Mitbürger.

---

88 Vgl. Brodersen in diesem Band. Burkert 1977, 127 hält im Fall der Unterweltsgottheiten das stille Gebet für üblich: Sophokles, Ödipus auf Kolonos 486-9. Aubriot 1994, 24, schließt aus Sophokles, Ödipus auf Kolonos 130ff., es habe eine gewisse Anzahl von Stätten gegeben, an denen man schweigend vorbeigehen muß, weil man den Zorn des Bewohners fürchtet. Man versucht hier offenbar das Gegenteil von εὔχομαι; die Toten und Rachegötter möchte man *nicht* auf sich aufmerksam machen. Vgl. auch van den Horst 1994, 3: Man will ihre Namen nicht ausrufen, um ihre übelwollenden Aktivitäten nicht aufzustören.

89 Theophrast, Char. 21; ein Ochse war allerdings für einen Privatmann ein ausgesprochen teures Opfertier. Insofern ist die beißende Kritik Theophrasts wohl nicht ganz gerechtfertigt.

Nicht nur Weihgeschenke etwa in Form von Statuen legten von der Großzügigkeit eines Stifters Zeugnis ab. Hatte man im Gebet einen Hymnus gelobt, so konnte man auch diesen in Stein gemeißelt im Heiligtum hinterlassen als dauernde Erinnerung an die eigene Großzügigkeit und Frömmigkeit.

Schließlich hatten auch die Rückverweise in den überlieferten Gebeten nicht nur die Funktion, die Gottheit an bereits erwiesene Wohltaten zu erinnern. Auch sie gaben dem Beter die Möglichkeit, gegenüber irdischen Zeugen vergangene Demonstrationen persönlicher Frömmigkeit wieder ins Bewußtsein zu rufen.

Die Funktion des Gebets ging bei den Griechen sowohl über die reine Übermittlung einer Botschaft an die Götter als auch über die Demonstration persönlicher Wohlhabenheit und Spendenfreudigkeit hinaus. Nicht nur beim öffentlichen Gebet für die Polis trat diese als Bürgergemeinschaft und Kultgemeinschaft in Erscheinung. Auch im privaten Bereich konnte das Gebet bei der Definition von Gruppenzugehörigkeiten von entscheidender Bedeutung sein. Wenn vor Gericht um Familienzugehörigkeit – und entsprechend um Erbschaften – gestritten wird, führt etwa der Redner Isaios als Argument an, der Verstorbene habe die Enkel stets zu den häuslichen Gebeten und Opfern an Zeus Ktesios zugezogen und auch speziell für ihre Gesundheit gebetet. Bei diesen Gelegenheiten seien stets ausschließlich Familienmitglieder zugelassen gewesen. Der Redner zieht die Schlußfolgerung: wer an diesen Gebeten teilnahm – auch wenn er nicht selbst gesprochen hat – gehörte anerkannterweise zur Familie.[90]

In Krisensituationen aller Art wird deutlich, daß das Gebet bei den Griechen nicht nur Kommunikation zwischen Göttern und Menschen, sondern auch Kommunikation auf irdischer Ebene sein kann. In der Schlacht ermutigt lautes Beten des Anführers eine unschlüssige oder demoralisierte Truppe. Als

90 Isaios 8, 15-16: Wegen des Vermögens des Kironse : "Nun gibt es da andere Beweise, die wir bringen können um zu zeigen, daß wir Kinder von Kirons Tochter sind: Denn, wie es natürlich ist, weil er uns als die Söhne seiner Tochter ansah, opferte Kiron niemals ein Opfer ohne unsere Anwesenheit, ob er ein großes oder ein kleines Opfer darbrachte, wir waren immer dabei und nahmen an der Zeremonie teil. Und wir waren nicht nur zu solchen Riten eingeladen, sondern er nahm uns immer mit aufs Land für die Dionysien, und wir gingen immer mit ihm zu den öffentlichen Spielen und saßen an seiner Seite, und wir gingen in sein Haus, um die Feste zu begehen, und wenn er dem Zeus Ktesios opferte, ein Fest, dem er spezielle Bedeutung beimaß, zu dem er niemals Sklaven oder Freie außer Familienmitgliedern zuließ, bei dem er persönlich alle Riten vollzog, wir nahmen teil an dieser Feier und legten unsere Hände mit seinen auf die Opfertiere und legten unsere Opfergaben neben die seinen und nahmen teil an allen anderen Riten, und er betete für unsere Gesundheit und für unseren Besitz, wie es natürlich war, da er unser Großvater war."

unmittelbar vor der Schlacht von Plataiai die Lage bedrohlich wird,[91] richtet der Feldherr Pausanias seinen Blick hinüber zum Tempel der Hera in Plataiai: "Er rief die Göttin an," sagt Herodot, und bat, sie möchte doch ihre Hoffnung nicht zuschanden werden lassen. Und bereits während Pausanias noch betet, erheben sich Teile des Heeres und stürmen gegen den Feind an.

Auch in innenpolitischen Krisen kann das Gebet eines Einzelnen, sein Versuch, die Gottheit anzurufen, von Bedeutung sein. Besonders drastisch zeigt sich das, wenn ein Schutzflehender, dem etwa die Häscher einer gegnerischen Partei auf den Fersen sind, im Heiligtum das Götterbild umklammert. Auch die das Gebet begleitende Berührung signalisiert hierbei äußerste Dringlichkeitsstufe. Wenn der Schutzflehende an der Statue die Gottheit um Hilfe anruft, richtet sich sein Gebet durchaus vordringlich an diese. Außerdem aber schleudert er damit auch den Verfolgern ein "Halt!" entgegen. Sein lautes Gebet am Götterbild zeigt den Gegnern, daß der Flüchtling nun unter göttlichem Schutz steht.[92]

Wenn der politische Gegner daraufhin von dem Schutzflehenden abließ, so mag das durchaus aus Respekt vor der Gottheit geschehen sein. Allerdings war jeder Politiker gut beraten, wenn er den Eindruck der Frömmigkeit erweckte. Von Perikles ist überliefert, er habe vor jedem öffentlichen Auftritt laut zu den Göttern gebetet, es möge ihm kein unpassendes Wort entschlüpfen.[93] Ob dieses Gebet jeweils "von Herzen" kam, entzieht sich unserer Kenntnis. Für die Hörer von Perikles' Rede signalisierte es jedenfalls, daß der Redner zum einen nicht "gottlos" war und daß er sich um ein gutes Verhältnis zu den Göttern bemühte.

Parallel dazu ist die Anklage wegen Mysterienfrevels eine Katastrophe für Alkibiades: Man wirft ihm vor, er habe im privaten Kreis den Hierophanten von Eleusis gemimt und entsprechend Geheimnisse der Mysterien nachgeäfft und verspottet.[94] Dies ist insofern ein Sonderfall, als die Worte und Rituale der Mysterien grundsätzlich unter Androhung der Todesstrafe geheimzuhalten waren. Jedoch zeigt die Woge der Empörung, die sich gegen Alkibiades erhebt, daß falsches Anrufen der Götter – und sei es auch im privaten Kreis –

---

91 Herodot 9, 61: "Aber das Opfer fiel nicht günstig für sie aus (οὐ σφάγια χρηστά), unterdessen fielen aber schon viele von ihnen. ... Weil auch das Opfer sich nicht günstig gestaltete, richtete Pausanias seinen Blick hinüber nach dem Tempel der Hera in Plataiai, rief die Göttin an (ἐπικαλέσασθαι) und bat, sie möchte doch ihre Hoffnung nicht zuschanden werden lassen. Während seines Gebetes (ἐπικαλεομένου) erhoben sich zuerst die Tegeaten und zogen gegen den Feind. Auch erhielten die Lakedaimonier sogleich nach dem Gebet (μετὰ τὴν εὐχήν) des Pausanias ein günstiges Opfer ..." Vgl. hierzu auch Pritchett 1979, 83. Gebete vor dem Kampf: Ilias 10, 278ff.; Odyssee 24, 518ff.; Gebet des Feldherrn für das Heer: Xenophon, Kyr. 3, 3, 21.

92 Scheer 2000, 172ff.

93 Plutarch, Perikles 8, 4.

94 Thukydides 6, 27f.; Plutarch, Alkibiades 19f.

einer politischen Karriere großen Schaden zufügen konnte.[95] Die Beschuldigung, die Götter in falscher Weise oder gar verhöhnender Absicht angerufen zu haben, zog zumindest ein stark gestörtes Vertrauen der Gefolgschaft nach sich. Niemand kämpft gern unter einem Anführer, der die Götter gegen sich aufgebracht hat, denn es kann notwendig sein, daß er sie im Kampf stellvertretend für seine Leute anrufen muß – man denke an das erwähnte Beispiel des Pausanias vor Plataiai. Was den Fall des Alkibiades besonders prekär machte, war der Zeitpunkt der Beschuldigung, die kurz vor der Überfahrt der Athener nach Sizilien erhoben wurde. Dieser Vorwurf hätte eine allgemeine Verweigerung der Schiffsmannschaften zur Folge haben können. Nicht umsonst wird bei Seenot auf einem griechischen Schiff die Frage gestellt: "Ist ein Unfrommer unter uns?"[96] Mit einem Anführer, dessen Beziehung zu den Göttern gestört scheint, besteigt keiner gern dasselbe Schiff.

Frömmigkeit, das läßt sich bereits aus den erwähnten wenigen Beispielen ablesen, war geradezu Voraussetzung für Führungsqualität – und lautes Beten eine Möglichkeit sie zu demonstrieren.

In diesem Sinne bedeutet die Anrufung der Gottheit, das Gebet, nicht nur Kontaktaufnahme mit himmlischen, sondern auch mit höchst irdischen Mächten. Die Art des Kontaktsuchens, die Wahl der Worte, Hinzuziehung und Zurückweisung bestimmter "Mitbeter" sowie unbeteiligter Zeugen machen es möglich, daß die Botschaft Intentionen beinhaltet und vermittelt, die über den unmittelbaren Wortsinn hinausgehen. Lautes Beten – gerade weil man keine festgefügte Liturgie kennt – gibt dem Sprecher die Möglichkeit, die Umstehenden öffentlich hören zu lassen, was ihm günstig scheint.

---

95 Daß dem Alkibiades die Bedeutung eines frommen Rufes bewußt war, zeigt sein späteres Verhalten: Als ihm Priesterinnen und Priester gefangen in die Hände fallen, läßt er sie ohne Lösegeld wieder frei (Plutarch, Alkibiades 29, 5).

96 Oder einer, der nicht in Samothrake eingeweiht ist; vgl. Theophrast, Char. 25: Der Feigling: "Wenn der Feigling eine Reise macht, so hält er Riffe für Seeräuberschiffe. Kommt etwas Seegang auf, so fragt er herum, ob sich unter den Fahrgästen etwa ein Ungeweihter befinde. " Vgl. auch Wachsmuth 1967, 265ff.

8 Der Erfolg des Betens

Der Erfolg eines Gebets zeigt sich ebenfalls auf verschiedenen Ebenen. So soll noch kurz auf die griechische Vorstellung von Erfolg und Mißerfolg des Betens zu den Göttern und auf die Reaktion der Beter darauf eingegangen werden. Diese Reaktion der Beter hat unsere Quellenlage stark beeinflußt. Die Weihgeschenke in den Heiligtümern legen Zeugnis ab von den erhörten, nicht von den erfolglosen Bitten an die Götter. Bereits Skeptikern in der Antike fiel auf, daß die zahlreichen Weihgeschenke in Samothrake zwar Rettungen aus Seenot bezeugten, aber nichts über die Anzahl der Ertrunkenen aussagten.[97] Aus den Zeugnissen läßt sich allerdings schließen, daß eine große Menge von Betern ihr Gebet erhört geglaubt und sich entsprechend zur Einlosung eines Gelübdes an die Gottheit verpflichtet gefühlt hat. Mitunter konnte die Erhörung eines Gebetes aber auch anders ausfallen, als der Beter sich dies vorgestellt hatte: Als die Mutter von Kleobis und Biton sich von ihrer Göttin Hera "das Beste, was für Menschen möglich ist" wünschte, dachte sie wohl kaum daran, daß die Gottheit ihren Kindern den Tod senden würde.[98]

Wenn also die Weihgeschenke naturgemäß nur von erhörten Gebeten Zeugnis ablegen, so sind uns aus der Literatur doch auch erfolglose Gebete bekannt. In den homerischen Texten begegnen sie sowohl bei den Trojanern als auch bei den Griechen. Die Königin Hekabe zieht umsonst mit den Frauen Trojas zum Tempel der Athena, sie beschenkt die Gottheit umsonst mit dem allerschönsten Gewand aus ihren Beständen – und die trojanische Athenapriesterin Theano richtet umsonst in würdiger und gebräuchlicher Art und Weise das Wort an die Göttin: Athena "nickt Verneinung".[99] Entsprechendes widerfährt auch der Gegenseite. Der König Agamemnon bringt dem Zeus im Kreis der besten Helden Gebet und großzügiges Opfer dar, aber – so sagt der Dichter lapidar: "Nicht gewährte Kronion sein Verlangen, / sondern er nahm das Opfer und ließ noch wachsen die Drangsal."[100]

Wie reagierten die Griechen auf nicht erhörte Gebete? Wiederholt findet sich in der Sekundärliteratur die Behauptung, in solchen Fällen sei es üblich gewesen, die Götter zu beschimpfen, zu bedrohen und ihre Standbilder rüde zu mißhandeln.[101]

Diese These läßt sich bei genauerem Hinsehen nicht halten. Die geringe Anzahl von Quellenstellen, auf die sie sich stützt, spielt in der Mehrzahl in der

97 Diogenes Laertius 6, 59; Cicero, de natura deorum 3.89. Bremmer 1996, 243 stellt fest, die Quellen überlieferten für die historischen Griechen keine nicht erhörten Gebete. In der Literatur kämen solche hingegen nicht selten vor.

98 Herodot 1, 31.

99 Ilias 6, 297ff.

100 Ilias 2, 400f.

101 Diese Meinung auch bei Friedländer 1923, 199, unter Verweis, das sei weltweit verbreitet und eine Konstante jeglichen Bilderdienstes; ebs. Versnel 1981, 38.

heroischen Zeit, kann also für das historische Griechenland nicht verbindlich sein. Es sind Heroen und Heroinen, die in seltenen Fällen auf diese Art die Götter herausfordern – und selbst diesen bekommt ihr Handeln meist schlecht. Wenn etwa im spätantiken Dionysosdrama des Nonnos eine erzürnte Nymphe das Bild der Aphrodite auspeitscht und vom Sockel reißt[102] oder wenn Theokrit erwähnt,[103] die Bewohner des sprichwörtlich rückständigen Arkadien schlügen unter besonderen Umständen ihre Panstatue mit Meerzwiebeln, so lassen Quellen wie diese nicht die Schluß zu, daß der Polisbürger, der sich in seinem Gebet von der Gottheit nicht erhört fühlte, mit einer Peitsche in den Stadttempel ging und dort das Bild der Stadtgöttin abstrafte. Selbst die Mißhandlung und Beschimpfung der eigenen Hausgötter (wenn sie denn nicht heimlich geschah) hätte die Polis auf den Plan gerufen, die sich bei unziemlicher Behandlung der Götterbilder zum Eingreifen gezwungen sah.[104]

Versnel führt etwa die Auspeitschung des Hellespont durch Xerxes als das beste Beispiel für eine Bestrafung der Götter durch die Menschen nach nicht erhörtem Gebet an[105] – das Zeugnis Herodots belegt aber gerade das Gegenteil: Xerxes ist kein Grieche sondern ein Barbar, dessen falsches Benehmen gegenüber den Göttern sprichwörtlich ist; das Ende seines Feldzugs zeigt, welche Folgen derartige Handlungen nach sich ziehen.

Selbst das in den Fabeln des Babrios überlieferte Beispiel überzeugt nicht:[106] Ein kleiner Handwerker bringt seinem hölzernen Hermesbild täglich Opfer dar, aber die Geschäfte gehen schlecht. Erst als er voller Zorn die Statue am Fuß packt und zu Boden schmettert, zerbricht ihr Kopf und es rieselt Gold hervor. Auch hieraus läßt sich nicht ableiten, daß man sich bei ungehörtem Gebet an den Statuen der Götter schadlos gehalten hat. Die Tat des Handwerkers ist eine spontane Aktion, die normalerweise zum gegenteiligen Ergebnis führen müßte: nämlich den Zorn des Gottes auf das Haupt des Täters herabzurufen statt einen Geldsegen aus dem Kopf des Gottes quellen zu lassen. Entsprechend überrascht ist auch der Statuenbesitzer selbst, wenn er sagt: "Ich verstehe die seltsame Art der Verehrung nicht, die du forderst".

Daß Heroenbilder, wie Versnel unter Berufung auf Artemidor meint,[107] regelmäßig durch die Strafe des Begrabens bestraft worden seien, läßt sich ebenfalls nicht an anderen Quellen verifizieren. Und Artemidor spricht von Träumen – in denen es auch einem frommen Menschen geschehen kann, daß er sich etwas völlig Absurdes tun sieht.

---

102 Nonnos, Dionysiaka 48, 696.

103 Theokrit, Idyll 7, 106ff. Der Text beweist nicht, daß dieses "Schlagen" der Götterstatue etwa jedem Privatmann möglich gewesen wäre, der sein Gebet nicht erhört fühlte.

104 Scheer 2000, 239.

105 Herodot 6, 35; Versnel 1981, 39.

106 Babrios, Fabeln 119.

107 Artemidor 4, 78; Versnel 1981, 39.

Gewaltsames Vorgehen gegen die Götter aus Rache für nicht erhörte Gebete, so lehrte es die Griechen bereits ihr Mythos – auch die erwähnte Nymphe des Nonnos findet ein böses Ende –, führte nicht zur Erfüllung von Gebetswünschen. Wer gegen die Götter und ihre Statuen frevelte, mußte nicht nur mit der himmlischen Strafe, sondern auch mit der Strafe der Polis rechnen.[108] Ein erfolgloser Beter tut gut daran, sich auf erneutes Bitten zu verlegen, sein Anliegen mit gewählteren Worten, mit einem weiteren Opfer erneut vorzubringen und auf größere Erhörungsbereitschaft der Gottheit beim nächsten Mal zu hoffen. Im Normalfall lassen sich die Götter nicht zwingen. Die Menschen sind vielmehr ihrer Laune ausgeliefert. Als "Rache" bleibt dem Menschen lediglich die Möglichkeit, seine Opfergaben in Zukunft einer anderen Gottheit zukommen zu lassen.

Eine Erhörungsgarantie gibt es jedoch in keinem Fall, ob man sein Gebet nun mit dem Geschenk eines fetten Ochsen oder eines billigen Ferkels begleitet.[109] Die einzige Sicherheit, die ein antiker Beter haben kann, ist das Bewußtsein, daß wenigstens sein frommer Auftritt in der Öffentlichkeit ihm zum Vorteil gereichen wird.

Schluß

Eine lange liturgische Tradition prägte im Christentum die maßgeblichen Gebetsformeln. Das Verständnis des Gebets als formelhafte Sprechbotschaft hatte zur Folge, daß auch die moderne Wissenschaft es vielfach formal und inhaltlich säuberlich philologisch analysiert hat. Das Gebet als Sprechbotschaft ist jedoch nur ein Element der Kontaktaufnahme zwischen Mensch und Gottheit in der griechischen Antike.

Um ihre Götter zu erreichen, arbeiteten die Griechen mit sprachlichen Mitteln, aber auch mit Berührung und Geschenken. Keine gesellschaftliche Gruppe besaß ein Monopol auf diese Kommunikationsmittel. Daß sich mancher Beter in seinem Gebet beeinflussen ließ, scheint vorgekommen zu sein,[110] jemanden am Beten zu hindern war hingegen nur schwer möglich. Zwar konnte nach menschlichem Ermessen die Erfolgschance eines Gebets gemindert werden, indem man jemandem etwa den Zutritt zum Heiligtum verwehrte, ihn am lauten Sprechen hinderte oder nicht opfern ließ. Letztlich aber lag die Gewährung der Bitte bei den Göttern.

Welche Intentionen verfolgt der antike Beter? Ganz vordergründig hat er die Absicht, die Götter um etwas zu bitten. Er spricht und handelt in einer Art und Weise, die ihm am wahrscheinlichsten Erfolg verspricht.

---

108 Dion Chrysostomos, Rede 31 (= An die Rhodier), 81-88.

109 Pulleyn 1997. 13.

110 Theophrast, Char. 16: "Hat er ein Traumgesicht gehabt, so sucht er die Traumdeuter, die Wahrsager, die Vogelschauer auf, und befragt sie, an welchen Gott oder an welche Göttin er sein Gebet zu richten habe."

Darüber hinaus mögen ihn noch andere Intentionen zum Gebet motivieren, Intentionen, die rein irdische Wirklichkeiten betreffen: Er möchte etwa vor sich selbst als fromm dastehen oder sein Gewissen beruhigen. Oder aber man will vor dritten den Eindruck der Frömmigkeit erwecken, sie von der Gerechtigkeit des eigenen Anliegens in Kenntnis setzen.

Die Teilnahme am Gebet kann auch der Demonstration von sozialen Zugehörigkeiten dienen: Man gehört zu einer Gruppe, die ein Heiligtum betreten darf, zu einer Gruppe, die mit der öffentlichen Aufführung von Hymnen im Heiligtum betraut ist. Oder aber man nimmt am Familienkult teil und beweist so seine Identität als Familienmitglied und Bürger.

Zur Kanalisierung sehr irdischer Emotionen dient das Gebet bei den Griechen auch in prekären gesellschaftlichen und kriegerischen Situationen: Unter Anführung des Herolds beschwört es die Gemeinsamkeit der Bürger und deren Zuversicht, die auf einem intakten Verhältnis zu den Göttern ruht. Nicht zuletzt ist es wichtig als Gefühlsventil bei Belagerung, Eroberung und Seuche – und bei ungerechter Behandlung durch einen Mächtigeren, wie im Fall der Widersacher Chryses und Agamemnon.

Briefe in die Unterwelt
Religiöse Kommunikation auf griechischen Fluchtafeln

Kai Brodersen

Hans-Jürgen Horn zum 65. Geburtstag

Einführung

In seiner autobiographischen Rede berichtet der spätantike Rhetor Libanios über ein Problem, das heutigen Vortragenden nicht unvertraut ist:

Die Tage waren allesamt bitter; den Nächten war ich dankbar für den Schlaf, aber mit dem Tag kam das Übel wieder. In diesem Zustand hatte ich einen Traum; Gifte und Magie und Angriffe von Zauberern schien er zu verheißen – und es folgte auch die Erfüllung, nämlich jene Ängste und das Verlangen nach nichts als dem Tod. ... Die Ärzte erklärten, ich müsse anderswo Heilung suchen: Gegen so etwas kenne ihre Kunst keine Mittel. ... Da kam im Hörsaal ein Chamäleon ans Licht – ich weiß nicht woher. Es mußte schon länger in diesem Zustand gewesen sein und war jedenfalls schon mehrere Monate tot. Den Kopf sahen wir zwischen den Hinterbeinen liegen, von den Vorderbeinen fehlte das eine, das andere verschloß den Mund, und das bedeutete Schweigen. ... So war es ein gnädiges Geschick, daß das Vergrabene schließlich an die Oberfläche vor aller Augen zu liegen kam.[1]

Nicht eine gewöhnliche Schreibblockade hinderte Libanios am Schreiben, sondern – wie schon lange vor ihm den Curio[2] – ein gegen ihn gerichteter Fluch: Ein Chamäleon war geköpft worden; die bei Menschen für das Schreiben und das Gestikulieren des Redners wichtigen Hände waren abgeschnitten und der Mund verstopft worden. Wer immer den Vortragenden verfluchen wollte, hatte dafür ein Kommunikationsmittel gewählt, das von den an diesem Kommunikationsprozeß Beteiligten allenfalls zwei 'Parteien' zugänglich war,

---

1 Libanios, Rede 1, 243-250: ἡμέραι τε ἅπασαι πικραί, νυξὶ δὲ χάριν ᾔδειν τοῦ ὕπνου, φανεῖσα δὲ ἡμέρα τὸ κακὸν ἐκόμιζεν ... ἐν τούτοις δὲ ὄντι μοι γίνεται ὄναρ· ... φάρμακα δὲ καὶ μαγγανεύματα καὶ πόλεμον ἀπὸ γοήτων ἀνδρῶν ταῦτα ἐδόκει δηλοῦν – καὶ εἵπετο δὲ τὸ ἔργον, φόβοι τε ἐκεῖνοι καὶ πλὴν τελευτῆς οὐδενὸς ἐπιθυμία ... ἰατροὶ δὲ τὴν τούτων ἴασιν ἄλλοθι ζητεῖν ἐκέλευον, ὡς οὐκ ὄντων σφίσι τῶν τοιούτων ἐν τῇ τέχνῃ φαρμάκων. ... καίτοι χαμαιλέων ἀναφανείς – οὐκ οἶδ᾽ ὁπόθεν, ἐν τῷ τῶν λόγων χορῷ, πολὺς μὲν τούτῳ τῷ χαμαιλέοντι χρόνος καὶ μηνῶν ὁ νεκρὸς οὐκ ὀλίγων, ποδῶν δὲ ἐν μέσῳ τῶν ὀπίσω κειμένην ἑωρῶμεν τὴν κεφαλήν, τῶν δὲ ἑτέρων ὁ μὲν ἦν οὐδαμοῦ, τὸ στόμα δὲ ἅτερος εἰς σιωπὴν ἔκλειεν. ... τύχης τοίνυν εὐμενεστέρας ἃ κατωρώρυκτο κεῖσθαι ὑπὲρ γῆν τοῖς βουλομένοις ὁρᾶν.

2 Cicero, Brutus 60. 217 (über C. Scribonius Curio 79 v.Chr.): *in iudicio privato vel maxumo ... subito totam causam oblitus est idque veneficiis et cantionbius Titiniae factum esse dicebat* (in einem höchst wichtigen Zivilprozeß ... hattte er plötzlich die ganze Causa vergessen und sagte nun, dies sei durch die Gifte und Flüche der [beklagten] Titinia geschehen).

das aber die Wirklichkeit eines Dritten – des eigentlichen Adressaten des Fluchs – verändern sollte: Zugänglich war das Medium nur dem (oder der) Fluchenden und den Unterweltsgöttern, die in der Erde Vergrabenes erkennen können, nicht aber dem eigentlich gemeinten Libanios.

Wie beim Gebet findet also auch hier Kommunikation statt, mit einem Adressanten, der eine bestimmte Intention hat, mit einem Medium – hier einem toten Chamäleon – und mit einem Empfänger, hier den Göttern, bei denen die Botschaft auch wirklich ankommt und so zu einer Veränderung der Lebenswirklichkeit des Adressaten führt. Folgerichtig waren es schließlich auch die Götter, die dem Libanios in einem Traum zumindest indirekte Hinweise auf den Fluch geben – und damit den Kommunikationsprozeß durchbrachen: Als Libanios von dem Fluch erfuhr, genauer: als "das Vergrabene an die Oberfläche vor *aller* Augen zu liegen kam", als also das Medium auch Dritten und insbesondere dem Adressaten sichtbar wurde, war die Intention des oder der Adressanten wirkungslos geworden: Die Kommunikation hatte einen neuen, der Intention des oder der Fluchenden nicht gemäßen Weg gefunden und war so wirkungslos geworden.

Tote Chamäleons sind freilich nur ein Fluchmedium von vielen aus der Antike bekannten und zudem nur begrenzt haltbar; andere Medien, die nicht weniger wirkungsvoll, oft aber auch nicht weniger unappetitlich sind, konnten der Intention von Fluchenden ebenso gut, wenn nicht besser dienen. Dies zeigt etwa Tacitus, der die Krankheit und den Tod des Germanicus im Jahr 19 n.Chr. u.a. auf Flüche zurückführt:

saevam vim morbi augebat persuasio veneni a Pisone accepti; et reperiebantur solo ac parietibus erutae humanorum corporum reliquiae, carmina et devotiones et nomen Germanici plumbeis tabulis insculptum, semusti cineres ac tabo obliti aliaque malefica, quis creditur animas numinibus infernis sacrari.

Die wilde Heftigkeit der Krankheit wurde noch durch die Überzeugung verschlimmert, er sei von Piso vergiftet worden; tatsächlich fanden sich, aus dem Fußboden und den Wänden herausgeholt, menschliche Leichenreste, Zaubersprüche mit Verwünschungen sowie der auf Bleitäfelchen eingeritzte Name Germanicus, Asche halbverbrannter Körperteile, mit Jauche beschmiert, und andere Zaubermittel, durch die, wie man glaubt, Seelen den Unterweltsgöttern geweiht werden.[3]

Unter den von Tacitus genannten Fluchmedien werden auch beschriftete Tafeln aus Blei genannt – und da Blei ein relativ haltbares Material ist und solche Tafeln (wenn auch nicht mit Germanicus' Namen) erhalten sind, können wir Tacitus' Worte in einen Bezug zu tatsächlichen Fundstücken stellen.

3 Tacitus, Annalen 2, 69, 3; vgl. Cassius Dio 57, 18, 9.

1 Fluchtafeln – eine mißachtete Quellengattung

Erhalten sind Fluchtafeln (καταδεσμοί bzw. *defixiones*)[4] aus allen Teilen der griechisch-römischen Welt vom 6. Jh. v.Chr. bis in die Spätantike. Die nach Ausweis der Funde häufigste Form solcher Verwünschungen sind kleine, meist griechisch beschriftete Tafeln *(tabulae)* aus Blei, die an bestimmten Orten wie Gräbern angenagelt *(defixae)*, vergraben oder in Brunnen versenkt wurden.

Das mit einem Griffel leicht zu ritzende Blei fand in der Antike als Beschreibstoff auch für andere Zwecke – insbesondere für Briefe – Verwendung, doch galt es für Flüche[5] offenbar als besonders sachgerecht: Das kalte, "unbeseelte" Material stellte gleichsam eine spürbare Verbindung zur Unterwelt her.[6] Zudem hatte Blei (zumindest in der späteren Antike) den Vorteil, recht leicht (wenn auch – durchaus passend zur Welt der Flüche – nur zum Schaden der Gemeinschaft) erhältlich zu sein, wie nicht nur eine Tafel selbst angibt,[7] sondern auch aus einem Zauberpapyrus hervorgeht:

λαβὼν μόλιβον ἀπὸ ψυχροφόρου σωλῆνος ποίησον λάμναν καὶ ἐπίγραφε χαλκῷ γραφείῳ, ὡς ὑπόκειται, καὶ θὲς παρὰ ἄωρον.	Nimm Blei von einer Kaltwasser–Leitung, mach eine Tafel daraus und schreib auf sie mit dem Erzgriffel, wie folgt, und lege sie zu einem vorzeitig Gestorbenen (ins Grab).[8]

4 Als καταδεσμοί bezeichnen etwa Platon (Staat 364c; s.u. S. 66) und PGM IV 2176-77 die Fluchtafeln; für den in der Forschung üblichen Begriff *defixio* fehlt hingegen ein antiker Beleg, doch wird *defigere* oder *defigi* z.B. auf RIB 6-7 verwendet. Vgl. allg. etwa Preisendanz 1972; Guarducci 1978, 222-257; Faraone 1991, 3-32; Gager 1992 (nicht immer zuverlässig; vgl. Davidson 1993, 29: "this kind of editorial carelessness is a shame"); Graf 1996, 108-157; Ogden 1999.

5 Neben Blei wurden für Flüche auch andere Beschreibstoffe verwendet: Bronze (DT 196), Kupfer (Hieronymus, Vita Hilarionis 23), Zinn (PGM VII 417-22), Ostraka (Keramikscherben, z.B. in PGM Anhang), Kalkstein (Wünsch 1902), Selenit (Jordan 1994), Talkum (Aupert und Jordan 1981) und Edelstein (Bonner 1950, 103-122); in Ägypten sind auch Flüche auf Papyrus erhalten (PGM VIII 1-63), in der Geniza von Kairo einer auf Tuch (Naveh und Shaked 1985, Gen. 1); DTA 55a bezieht sich auf einen Fluch auf Wachs (vgl. auch Ovid, Amores 3, 7, 29); die Zauberpapyri nennen auch andere haltbare Metalle wie Gold und Silber (PGM X 24-35) oder Eisen (PGM IV 2145-2240). Vgl. Tomlin 1988, 81, Faraone 1991, 7 und 25 Anm. 30, Gager 1992, 3, und zuletzt Ogden 1999, 10f.

6 Vgl. etwa DTA 105: "ὡς οὗτος ὁ μόλυβδος ψυχρὸς καὶ ἄθυμος οὕτως καὶ τὰ τῶν ἐνταῦθα γεγραμμένων ψυχρὰ καὶ ἄθυμα ἔστω. – Wie dieses Blei kalt und unbeseelt ist, so sollen auch die Schicksale der hier Verzeichneten kalt und unbeseelt sein"; ähnlich DTA 10, 107. Der oder die Fluchende von DTA 67 wünscht, daß die Zunge des Verfluchten wie Blei, DTA 96-97, daß sie zu Blei werden solle, und DT 85 bezieht sich mit dem Wunsch, der Verfluchte möge von seiner Geliebten getrennt werden, darauf, daß "Blei an einem von den Menschen getrennten Ort" bewahrt werden. Mit dem Tod bringt Plinius d.Ä. (nat. hist. 11, 114) das Blei in Verbindung.

7 Eine kaiserzeitliche Fluchtafel aus Rom (DT 155) bezeichnet sich als Tafel, die aus einer Kaltwasserleitung verfertigt sei; vgl. Jordan 1993, 440.

8 Papyrus London, BL gr. 121 (PGM VII), l. 397 ff.

Da es sich bei Blei – anders als bei vielen anderen antiken Beschreibstoffen – um relativ haltbares Material handelt und da die Tafeln oft absichtlich vergraben wurden, ist eine Vielzahl antiker Fluchtafeln erhalten.

Das Material ist allerdings bisher wissenschaftlich ungenügend erschlossen. Bekannt sind Fluchtafeln seit dem frühen 19. Jh.;[9] die erste umfassendere Zusammestellung kam jedoch erst am Ende jenes Jahrhunderts heraus: In einem Anhang zu den *Inscriptiones Graecae* erfaßte 1897 Richard Wünsch 220 griechische Fluchtafeln aus Attika,[10] sieben Jahre später publizierte Auguste Audollent 305 weitere Tafeln (davon 166 lateinische)[11] aus der übrigen antiken Welt.[12] Beide Corpora, die allenfalls knappe Angaben zu Form und Sprache der Texte und nur wenige Abbildungen bieten, sind unverändert nachgedruckt worden,[13] doch heute weitgehend überholt.[14] 189 Nummern schließlich umfaßt die Bibliographie jüngerer Publikationen zu in den beiden Corpora nicht erfaßten griechischen Tafeln, die David R. Jordan vor 15 Jahren vorgelegt hat (die Texte der Tafeln selbst bietet er dabei nicht)[15]. Eine neuere Zusammenstellung fehlt, obgleich inzwischen von nochmals gut 500 griechischen Tafeln zumindest die Existenz bekannt ist, oft aber noch nicht der Text.[16] Eine aktuelle und zuverlässige Zusammenstellung wenigstens der bereits publizierten Fluchtafeln und die Edition der noch unveröffentlichten Texte ist

9 Die erste Publikation einer solchen Tafel ist Åkerblad 1813; zwölf Tafeln aus Knidos veröffentlichte Newton 1862, sechszehn aus Zypern Macdonald 1891 (eine neue Ausgabe dieser Tafeln hat Mitford 1971 als Nr. 127-142 vorgelegt).

10 Wünsch 1897 ("DTA"). Die Originale vieler dieser attischen Tafeln sind heute offenbar verloren, worauf Jordan wiederholt hingewiesen hat: 1988b, 274; 1990, 441 Anm. 40; 1993, 441.

11 Eine Zusammenstellung von 61 seither publizierten lateinischen Tafeln bietet Besnier 1920, von weiteren 48 lateinischen Tafeln Solin 1968, 23-31; zu den ebenfalls lateinischen Funden aus Bath s. Tomlin 1988.

12 Audollent 1904 ("DT").

13 Nachdrucke von Wünsch 1897 erschienen in Chicago 1976 und in Berlin 1977, von Audollent in Frankfurt am Main 1967.

14 Nur ein Beispiel: Die Tafel DT 72/73, bei Audollent als "verloren" (*deperdita*) bezeichnet, liegt nach freundlicher Auskunft tatsächlich in den Staatlichen Antikensammlungen München (Inventar NI 3822).

15 Jordan 1985.

16 Ein Schlaglicht auf die Forschungslage wirft etwa folgende Tatsache: Wie mir die Leitung der Staatlichen Antikensammlungen in München auf Anfrage freundlicherweise mitgeteilt hat, befanden sich dort bis in die 1930er Jahre zwei von Abt 1911, 150ff. als Nr. 2-3 (Inventar NI 3607 und 3658) publizierte Bleitafeln, deren Buchstaben sich in dem "Gewirre der Ritzlinien" einer Deutung entziehen; eine der Tafeln (Nr. 3) ist wie die mit den Inventarnummern 3608a und 3658b (Abt Nr. 4-5) inzwischen verschollen. Außerdem gab es dort jedoch einst (unter Inventar NI 453) zwei noch immer unpublizierte Bleitafeln aus einem attischen Grab mit Inschriften, die aber seinerzeit nicht aufgezeichnet wurden und heute ebenfalls unauffindbar sind.

ein dringendes Desiderat der altertumswissenschaftlichen Forschung.[17] Was im folgenden anhand publizierter Exemplare ausgesagt wird, steht daher unter dem – in der Alten Geschichte ja ohnehin stets großen – Vorbehalt, daß das bisher Bekannte nicht unbedingt das Typische erhellen könnte.

2 Lebenswelten der Fluchenden und ihrer Opfer

Betrachten wir zunächst Beispiele für das Material und versuchen wir dann, es für die Frage nach der religiösen Kommunikation fruchtbar zu machen! Am weitaus häufigsten auf den bekannten griechischen Fluchtafeln, soweit sie zu entziffern waren, sind reine Namen – wie im oben zitierten Fall des Germanicus – oder Namenslisten, wie eine Bleitafel aus dem 4.Jh. v.Chr. veranschaulicht, die man in einem Brunnen am Dipylon-Tor in Athen gefunden hat:

Πλει[σ]τ[...] Πλείσταρχον Εὐπόλεμον Κάσσα[ν]δρον Δημήτ[ριον] Φ[αλ]η[ρέα] [..]KNH[...] Πειρ<α>ιέα	Pleist[...] (Ich binde hinab) Pleistarchos, Eupolemos, Kassandros, Demetrios von Phaleron, [...]-kne[...] von Piräus[18]

Die Tafel nennt[19] u.a. den Makedonenherrscher Kassandros, der 317 Athen eroberte, dessen jüngeren Bruder Pleistarchos (dessen Bedeutung für Athen erst durch diese Tafel bekannt wurde), Eupolemos, der seit 313 makedonischer Befehlshaber in Griechenland war,[20] und Demetrios von Phaleron, seit in Athen seit der Eroberung durch Kassander bis 307 als Gouverneur wirkte.[21] Da jedoch Namen oder Namenslisten auf Fluchtafeln sonst keinen 'Kontext' bieten, erlauben sie zwar gelegentlich – so bei dem eben zitierten Text – eine historische Einordnung, jedoch keine Interpretation im Hinblick auf unsere Frage nach der zugrundeliegenden Art der Kommunikation.

Wo hingegen mehr als nur Namen genannt werden, sind die Lebenswelten der Fluchenden und ihrer Opfer deutlich erkennbar. Einer der frühesten erhaltenen Texte – er stammt aus einem Gräberfeld des 6. Jh.s v.Chr. in Selinus auf Sizilien – lautet:

---

17 Das von Preisendanz 1930, 119 angekündigte Projekt der Schaffung eines neuen Corpus wurde nicht verwirklicht; vgl. Jordan 1993, 441. Ogden 1999, 89 bezeichnet den Stand der Publikation und Dokumentation zutreffend als "chaotic".

18 Jordan 1980, 229 ff. Nr. II (= SEG 30, 1980, 325.2)

19 Die Namen stehen hier – wie auch sonst häufig auf Fluchtafeln – im Akkusativ, wohl weil sie als abhängig von einem nicht aufgeschriebenen καταδῶ ("ich binde hinab") aufgefaßt werden; dazu s.u.

20 Diodor 19, 77, 3.

21 Zur historischen Auswertung vgl. etwa Habicht 1994, 14ff.

(a) τὰν Εὐκλέος γλôσαν καὶ τὰν Ἀριστοφάνιος καὶ τὰν Ἀνγείλιος καὶ τὰν Ἀλκίφρονος καὶ τὰν hαγεστράτο· τôν συνδίκον τôν Ευκλίος καὶ τôν Ἀριστοφάνεος τὰς γλόσας καὶ τὰν [...]ονος γλôσαν.

(b) καὶ τὰν Οἰνοθέο καὶ τὰν Α[...] γλôσαν.

(a) (Ich binde hinab) die Zunge des Eukles und die des Aristophanis und die des Angeilis und die des Alkiphron und die des Hagestratos. Von den Anwälten, denen von Eukles und Aristophanis, die Zungen, und die Zunge von [...]os

(b) und die von Oinotheos und die von A[...], die Zunge.[22]

Die Tafel führt uns in die Welt der Rechtsprechung; es werden Anwälte und ihre Auftraggeber verflucht. Die Schrift zwar sorgfältig, die Buchstabenfolge aber (wohl mit Absicht) verworren,[23] die Sprache ein eher 'umgangssprachliches' Griechisch. Ein 'Berufszauberer' war hier wohl nicht am Werk; eher hat wohl die oder der Fluchende selbst zum Erzgriffel gelangt.

Ebenfalls in Zusammenhang mit einem Prozeß steht offenbar die folgende Tafel aus dem nachklassischen Piräus (der auch das sonst offenbar stillschweigend vorausgesetzte Bezugswort καταδῶ, "ich binde hinab", zu entnehmen ist):

(a) καταδῶ Εὐάρατον· καὶ ὅσοι σύνδικοι καὶ Τελεσῖνον τὸν Ἰδώτου καὶ τὴν ψυχὴν καταδῶ Ἰδιώτου, γλῶτταν καὶ αὐτόν· μετ' Εὐαράτου συνπράττουσι καὶ ὅσοι ἂν σύνδικος μετ' Εὐαράτου καὶ τοὺς Εὐαράτου καὶ τὴν ψυχὴν καὶ γλῶτταν.

(b) καὶ εἴ τις ἐνατία εἰ τὰ τούτων ἐστὶ ἄλλος πράττιει ἐμοί.

(a) Ich binde hinab den Euaratos und alle seine Anwälte und Telesinos, den Sohn des Idiotos, und seine Seele binde ich, die des Idiotos, die Zunge und ihn: Die mit Euaratos zusammenarbeiten und alle, wer Anwalt mit Euaratos ist, und die Leute des Euaratos und die Seele und die Zunge

(b) und wenn ein anderer, der so etwas mir zuwider handeln will.[24]

Neben solchen Rechtsstreitigkeiten erkennen wir als Anlaß für Flüche auch die Konkurrenz in Handel und Gewerbe, im Theater und – in Rom[25] wie vor allem auch in Nordafrika und Syrien – in Sport und Circus, stets aber auch in der Liebe,[26] in der die Fluchenden ihre Konkurrenten von der oder dem Geliebten zu trennen oder – auch dies wieder vor allem in der Kaiserzeit – jene bzw. jenen an sich zu binden versucht. Die erstrebte Trennung einer Frau von ihrem Geliebten belegt u.a. eine Tafel aus Boiotien:

---

22 SEG 26, 1976/7, 1113. Aus Selinus stammen 22 Fluchtafeln des späten 6./frühen 5. Jh.s; vgl. Jameson 1993, 125.

23 Dazu allg. Donderer 1995.

24 DTA 86.

25 Wünsch 1898.

26 Vgl. Brodersen 2000 und ausführlicher 2001.

(a) παρατίθομαι Ζοίδα τὴν Ἐρετρικὴν τὴν Καβείρα γυναῖκα τῇ Γῇ καὶ τῷ Ἑρμῇ, τὰ βρώματα αὐτῆς, τὸν ποτᾶ, τὸν ὕπνον αὐτῆς, τὸν γέλωτα, τὴν συνουσίαν, τὸ κιθ{φε}άρισμα αὐτῆς κὴ τὴν πάροδον αὐτῆς, τὴν ἡδονὴν, τὸ πύγιον, τὸ φρόνημα{ν}, ὀφθαλμοὺς ...τῇ Γῇ.
(b) καὶ τῷ Ἑρμῇ τὴν περιπάτησιν μοχθηρὰν, ἔπεα, ἔργα, ῥήματα κακὰ καὶ τὸ ...

(a) Ich übergebe Zois von Eretria, die Frau des Kabeira, der Erde und dem Hermes: ihr Essen, ihr Trinken, ihren Schlaf, ihr Lachen, ihren Verkehr, ihr Kithara–Spiel und ihr Auftreten, ihre Lust, ihren Po, ihr Denken, die Augen ... der Erde.
(b) und dem Hermes ihr verderbtes Herumlaufen, ihre Worte, ihre Taten, ihre böses Worte und ...[27]

Ebenso sucht der Schreiber – auch er nennt er seinen Namen nicht; auch sein Geschlecht läßt sich nur aus dem Kontext erschließen – einer aus Athen stammenden Tafel, ein Liebespaar auseinander zu bringen:

(a) καταδῶ Θεοδώραν πρὸς τὴν παρὰ Φερρεφάττῃ καὶ πρὸς τοὺς ἀτελέστους· ἀτέλης εἴη αὐτὴ καὶ ὅτι ἂμ πρὸς Καλλίαν διαλέγειν μέλλῃ καὶ πρὸς Χαρίαν ὅτι ἂν διαλέγειν μέλλῃ καὶ πρὸς Χαρίαν ὅτι ἂν διαλέγειν μέλλῃ καὶ ἔργα καὶ ἔπη καὶ ἐργασίας· ... ἔπη λόγον ὃν ἄμ ποτε καὶ λέγῃ· καταδῶ Θεοδώραν πρὸς Χαρίαν ἀτελῆ αὐτὴν εἶναι καὶ ἐπιλαθέσθαι Χαρίαν Θεοδώρας καὶ τοῦ παιδίου, τοῦ Θεοδώρας, ἐπιλαθέσθαι Χαρίαν καὶ τῆς κοίτης τῆς πρὸς Θεοδώραν.
(b) καὶ ὡς οὗτος ὁ νεκρὸς ἀτελὴς κεῖται οὕτως ἀτέλεστα εἶναι Θεοδώρ̣ᾳ̣ πάντα καὶ ἔπη καὶ ἔργα τὰ πρὸς Χαρίαν καὶ πρὸς τοὺς ἄλλους ἀνθρώπους· καταδῶ Θεοδώραν πρὸς τὸν Ἑρμῆν τὸγ χθόνιον καὶ πρὸς τοὺς ἀτελέστους καὶ πρὸς τὴν Τηθύν· πάντα καὶ ἔπη καὶ ἔργα τὰ πρὸς Χαρίαν καὶ το(ὺ)σ ἄλλους ἀνθρώπους καὶ τὴν κοίτην τὴν πρὸς Χαρίαν ἐπιλαθέσθαι Χαρίαν τῆς κοίτης· Χαρίαν καὶ τοῦ παιδίου, Θεοδώρας, ἐπιλαθέσθαι ἧσπερ ἐρᾷ̣ ἐκεῖνος.

(a) Ich binde hinab Theodora zu der an Persephones Seite (Hekate) und zu den Unvermählten. Möge sie unvermählt sein und wann immer sie mit Kallias und mit Charias zu reden vorhat, wann immer sie Taten und Worte und Arbeit zu besprechen vorhat ... Worte und Rede, was immer auch einmal er sagt. Ich binde hinab Theodora, daß sie mit Charias unvermählt bleibt, und (ich binde hinab) Charias, daß er Theodora vergißt und daß er das Mädchen, eben Theodora, vergißt, der Charias, und das Schlafen mit Theodora.
(b) So wie dieser Leichnam nutzlos liegt, so sollen alle Worte und Taten von Theodora nutzlos sein, soweit sie Charias und die anderen Menschen betreffen. Ich binde hinab Theodora zu dem chtonoischen Hermes und zu den Unvermählten und zu Tethys. (Ich binde hinab) alles, ihre Worte und ihre Taten gegenüber Charias und den anderen Menschen, und ihr Schlafen mit Charias, und vergessen soll Charias das Schlafen (mit ihr); Charias soll das Mädchen vergessen, eben Theodora, genau die, die er liebt.[28]

Die Liebenden sollen also – so will es der Fluchende – vergessen, miteinander zu schlafen (und 'sicherheitshalber' verwünscht er gleich auch noch Gespräche seiner Theodora mit einem gewissen Kallias mit). Theodora soll ἀτελής, "unvollendet" (ehelos) bleiben, wofür nach der Intention des Fluchenden

27 DT 86; Neulesung Ziebarth 1934, 1040 nr. 22.
28 DT 68. Graf 1996, 136 deutet τοῦ παιδίου, Θεοδώρας, ἐπιλαθέσθαι, als "das Kind der Theodora vergessen".

wieder Hermes (er wird hier, anders als in dem oben zitierten boiotischen Beleg, als "chthonisch" bezeichnet, also der Unterwelt zugerechnet), Tethys und die – nur hier belegten – ἀτέλεστοι ("Unvollendeten" – Unterweltsgottheiten oder in der Umgebung des Ortes bestattete Ehelose?) sorgen sollen, "zu denen" der Autor des Fluchs die Liebenden "hinabbindet".[29]

Daß die Geschlechterbeziehungen auch Flüche in umgekehrter Richtung hervorriefen, zeigt etwa folgende Bleitafel aus dem Athen des 4. Jh.s v.Chr.:

Ἀριστοκύδη καὶ τὰς φανομένας αὐτῷ γυναῖκας μήποτ' αὐτὸν γῆμαι ἄλλην γυναῖκα μηδὲ παῖδα.

(Ich binde hinab) Aristokydes und die Frauen, die man mit ihm sieht. Möge er keine andere Frau oder Mädchen heiraten.[30]

Die Schreiberin dieser Tafel – ihren eigenen Namen nennt sie nicht, doch daß es sich um eine Frau handelt, können wir wiederum aus dem Kontext erschließen – sucht also ihren Aristokydes am Kontakt mit jeglichen Frauen, die "man mit ihm sieht", zu hindern: Nur sie soll ihn heiraten können.[31]

Neben Konkurrenz vor Gericht und in der Liebe begegnen uns auch immer wieder Zeugnisse für die Konkurrenz unter Geschäftsleuten, so auf folgender Bleitafel aus dem Athen des 4. Jh.s v.Chr.:

Κίττον τὸν στιγματίαν δικτυοπλόκον καὶ τὴν ἐργασίαν αὐτοῦ καὶ τὸ ἐργαστήριον· Εὐφροσύνην τὴν δικτυοπλόκον καὶ τὴν ἐργασίαν αὐτῆς καὶ τὸ ἐργαστήριον· Φιλόμηλον Φιλομήλου Μελιτέα καὶ Φιλ[...]α Μελιτέα Εὐγείτονα Εὐγείτονος Ἀχαρνέα.

(Ich binde hinab) Kittos den gebrandmarkten Sklaven, der ein Netzmacher ist, und seine Arbeit und seine Werkstatt; Euphrosyne, die Netzmacherin, und ihre Arbeit und ihre Werkstatt; Philomelos, den Sohn des Philomelos, von Melite, und Phil[...] von Melite und Eugeiton, den Sohn des Eugeiton, von Acharnai.[32]

Als Konkurrenten des oder der Fluchenden erkennen wir kleine Handwerker – darunter einen gebrandmarkten, weil einst entlaufenen Sklaven – , Frauen und freie Bürger (aus den Demen Melite und Acharnai): ein bemerkenswertes

29 Daß bei diesem Fluch auf den Leichnam im Grab Bezug genommen wird, hat Graf 1996, 118 m.E. nicht überzeugend als Hinweis auf ein Ritual beim Fluch gedeutet. Können wir daraus schließen, daß beim Fluch eine Aktion ebenso wichtig war wie der Text? Die Zeugnisse erlauben diesen Schluß für die klassische und nachklassische Zeit nicht; gerade weil der Fluch im Verborgenen praktiziert wird, fehlen uns hier Belege für Aktionen, die mit der Deponierung der Fluchtafel einhergingen.

30 DTA 78.

31 Vgl. als Fluch einer Frau, die einen Mann begehrt, etwa DT 86; auf Fälle, in denen eine Frau eine Geschlechtsgenossin begehrt, weist Ogden 1999, 36 hin. An Belegen wie diesen scheitert die Annahme von Winkler 1990, 110, der meint, man könne bei dem, was uns auf den Tafeln begegne, nicht von "Liebe" sprechen.

32 Ziebarth 1934, 1032 Nr. 5.

Schlaglicht auf die in den literarischen Quellen kaum präsente Lebenswirklichkeit der 'kleinen Leute', in der offenbar weder der Rechtsstatus noch das Geschlecht an der Ausübung eines bestimmten Handwerks hinderten.

Ähnliches zeigt ein 'Rundumschlag', für den sich der Verfasser besonders viel Mühe gab (oder besonders viel ausgab) – die Publikation spricht jedenfalls anerkennend davon, die Tafel sei "pulcherrime scripta":

(a) καταδῶ Καλλίαν τὸν κάπηλον τὸν ἐγ γειτόνων καὶ τὴν γυναῖκαι αὐτοῦ Θρᾷτταν· καὶ τὸ καπηλεῖον τὸ φαλακροῦ καὶ τὸ Ἀνθεμίωνος καπηλεῖον τὸ πλησίον ... καὶ Φίλωνα τὸν κάπηλον·
τούτων πάντων καταδῶ· ψυχὴν ἐργασίαν βίον χεῖρας πόδας καὶ καπηλεῖα αὐτῶν
καταδῶ Συσιμένην τὸν ἀδελφόν· καὶ Κάρπον τὸν οἰκότην αὐτοῦ τὸν σινδονοπώλην καὶ Γλύκαθιν ἣν καλοῦσι Μαλθάκην· καὶ Ἀγαθῶνα τὸν κάπηλον τὸν Σωσιμένους οἰκότην·...
καταδῶ Κίττον τὸν γείτονα τὸν κανναβιουργὸν καὶ τέχνην τὴν Κίττου καὶ ἐργασίαν καὶ ψυχὴν καὶ νοῦν καὶ γλῶτταν τὴν Κίττου. καταδῶ Μανίαν τὴν κάπηλιν τὴν ἐπὶ κρήνῃ καὶ τὸ καπηλεῖον τὸ Ἀρίστανδρος Ἐλευσινίου καὶ ἐργασίαν αὐτοῖς καὶ νοῦν.
ψυχὴν χεῖρας γλῶτταν πόδας νοῦν·τούτους πάντας καταδῶ ἐμ μνήμασι ἀσφαραγίαις πρὸς τὸν κάτοχον Ἑρμῆν.
(b) τοὺς Ἀριστάνδρου οἰκέτας.

(a) Ich binde hinab Kallias, den Krämer, der einer meiner Nachbarn ist, und seine Frau Thraitta, und den Laden des Kahlkopfs und den Laden des Anthemion daneben ... und Philon den Krämer.
Von all diesen binde ich hinab die Seele, die Arbeit, die Hände und Füße und ihre Läden
Ich binde hinab Sosimenes, seinen Bruder, und Karpos, seinen Sklaven, der der Tuchverkäufer ist, und auch Glykanthis, genannt Malthake, und auch Agathon den Krämer, den Sklaven des Sosimenes. ...
Ich binde hinab Kittos, meinen Nachbarn, den Hanfseilmacher, Kittos' Fertigkeit und Arbeit und Seele und Geist und die Zunge des Kittos. Ich binde hinab Mania, die Krämerin, die beim Brunnen ist, und den Laden des Aristandros von Eleusis, und ihre Arbeit und Geist.
Seele, Hände, Füße, und Geist: Alle diese binde ich hinab in unversiegelten Gräbern zu Hermes, dem festhaltenden.
(b) die Sklaven des Aristandros.[33]

Wie im vorigen Beispiel werden wiederum Männer und Frauen und wiederum Freie und Sklaven als Konkurrenten verflucht, in diesem Fall etwa Tuchverkäufer und Hanfseilmacher.

Wie bereits diese Beispiele zeigen, verdienen die Fluchtafeln als Zeugnisse für die Lebenswirklichkeit der Antike eine intensivere Erforschung – beginnend mit einer besseren Edition. Wäre etwa die Schriftgestalt der Tafeln besser bekannt, würden zudem genauere Antworten auf andere Fragen möglich, etwa auf die Frage, wer die Tafeln beschriftete, ob als diese Form religiöser Kommunikation den Adressanten unmittelbar zur Verfügung stand.

33 DTA 87.

3 Die Bedeutung der Schrift

Über die eben wiedergegebene Tafel sagt die Publikation, sie sei "pulcherrime scripta". Genaueres ist nicht bekannt; interessant für die vieldiskutierte Frage nach der "Literalität",[34] der Fähigkeit der oder des Fluchenden zu schreiben, wäre aber, ob sie oder er die Tafel selbst beschriftete (also sogar sehr schön schreiben konnte) oder ob sie oder er jemanden damit beauftragt hat (was wahrscheinlicher wäre, wenn mehrere Tafeln, die auf unterschiedliche Lebenswelten zielen, in ähnlicher Weise "pulcherrime" beschriftet wären – eine Frage, die sich jedoch anhand der beiden alten Corpora nicht beantworten läßt). Für letztere Annahme spricht möglicherweise eine Aussage in Platons *Staat*:

ἀγύρται δὲ καὶ μάντεις ἐπὶ πλουσίων θύρας ἰόντες πείθουσιν ὡς ἔστι παρὰ σφίσι δύναμις ἐκ θεῶν ποριζομένη θυσίαις τε καὶ ἐπῳδαῖς, ... ἐάν τέ τινα ἐχθρὸν πημῆναι ἐθέλῃ, μετὰ σμικρῶν δαπανῶν ὁμοίως δίκαιον ἀδίκῳ βλάψειν ἐπαγωγαῖς τισιν καὶ καταδέσμοις, τοὺς θεούς, ὥς φασιν, πείθοντές σφισιν ὑπηρετεῖν.	Gaukler und Wahrsager gehen zu den Türen der Reichen und überreden sie, daß es bei ihnen die von den Göttern ausgehende Kraft für Opfer und Beschwörungen gebe. ... Wenn einer einem Feind etwas antun wolle, könnten sie ihm für geringe Kosten – gleich ob verdient oder nicht – Schaden zufügen, indem sie durch Zaubermittel und Fluchtafeln die Götter, wie sie sagen, bereden könnten, ihnen zu dienen.[35]

Wurden καταδεσμοί, Fluchtafeln, tatsächlich "an den Türen der Reichen" verkauft, beantwortet dies noch nicht die Frage, wie die weniger Reichen zu ihren Flüchen kamen. Ein Indiz dafür, daß eine Fluchende oder ein Fluchender die Schrift nicht gut beherrschte, aber für ihren oder seinen Fluch als so wichtig ansah, daß sie oder er sich die Buchstaben an einer öffentlichen Inschrift ansah und dann kopierte, zeigt wohl folgende Tafel:

Θεοί. Ἀγαθῇ Τύχῃ. καταδῶ καὶ οὐκ ἀναλύσω Ἀντικλέα Ἀντίφανος καὶ Ἀντιφάνην Πατροκλέος καὶ Φιλοκλέα καὶ Κλεοχάρην καὶ Φιλοκλέα καὶ Σμικωνίδην καὶ Τιμάνθην καὶ Τιμάνθην. καταδῶ τούτους ἅπαντας πρὸς τὸν Ἑρμῆν τὸν τὸν (!) χθόνιον καὶ τὸν δόλιον καὶ τὸν κάτοχον καὶ τὸν ἐριούνιον καὶ οὐκ ἀναλύσω.	Götter. Mit gutem Glück. Ich binde hinab und werde nicht lösen Antikles, Sohn des Antiphanes, und Antiphanes, Sohn des Patrokles, und Philokles und Kleochares und Philokles und Smikonides und Timanthes und Timanthes. Ich binde hinab diese alle zu Hermes, dem chthonischen und dem listigen und dem festhaltenden und dem huldvollen, und werde nicht lösen.[36]

Die oder der Fluchende hat offenbar das Präskript der öffentlichen Inschriften (Θεοί. Ἀγαθῇ Τύχῃ) als wichtigen Teil jeder Inschrift aufgefaßt und

---

34 Vgl. allg. etwa Harris 1989; Beard u.a. 1991.

35 Platon, Staat 364b-c.

36 Wilhelm 1904, 120ff. mit Fig. 60; auch die Dittographie von τὸν zeigt eine gewisse Unsicherheit im Umgang mit der Schrift. Eine ähnliche Formel bietet DTA 158.

deshalb auch an den Anfang seines Fluches gestellt, auch wenn er dem Adressaten alles andere als "gutes Glück" wünscht. Und wer gar nicht schreiben konnte, verfiel auf sogenannte Pseudo-Inschriften mit unsinniven Buchstabenmustern – eine für die Wissenschaft besonders unerfreuliche Gattung, die keine richtigen Texte bietet und daher oft erst gar nicht publiziert wird, aber wohl nicht selten ist;[37] eine mit den lateinischen Tafeln im englischen Bath gefundene Fluchtafel weist statt Buchstaben nur drei Kreuze auf.[38] Offenbar also was die Schriftform für die Kommunikation im Fluch von besonderer Bedeutung, auch wenn sie gelegentlich die Literalität, die Fähigkeit der Fluchenden zu schreiben, deutlich überstieg.

4 Religiöse Kommunikation im Fluch?

Befragen wir das Material nun in einem letzten Schritt auf seine Bedeutung für die Frage der religiösen Kommuniation. Hierzu ist neuerdings die Meinung vertreten worden, es handle sich hierbei gar nicht um Kommunikation, denn es seien "Sender und Empfänger ... identisch". Die Fluchenden kommunizierten, so heißt es, nicht mit anderen – etwa Göttern – oder den eigentlich gemeinten Konkurrenten, sondern nur mit sich selbst ("korollar dazu ist, daß die Botschaft nur für das eine agierende Individuum bedeutsam ist").[39]

In der Tat liegt – wie bereits die eingangs zitierten Beispiele (Libanios, Germanicus) illustrieren – eine direkte Kommunikation mit den eigentlich gemeinten Kontrahenten, den Adressaten des Fluchs, nicht vor; ja, die Aufdeckung der Fluchmittel bricht deren Wirkungskraft. Daß die Fluchenden jedoch auch mit den Göttern nicht zu kommunizieren suchen, sonder nur mit sich selbst, scheint nicht nur ein allzu einfaches Kommunikationsmodell vorauszusetzen, sondern auch eine allzu rationalistische Auffassung antiken Betens und Fluchens. Sie setzt ja gleichsam voraus, daß die Götter, an die sich Betende wie Fluchende wenden und die in den Flüchen oft namentlich benannt werden, von den Fluchenden gar nicht als Teil des Kommunikationsprozesses aufgefaßt wurden – wofür die Zeugnisse aber sprechen. Zwar erscheinen in den bisher zitierten Beispielen die Götter nur als diejenigen, "zu denen" die Kontrahenten "hinabgebunden" werden, doch treten neben diese Tafeln auch solche, in denen die Götter direkt als Empfänger der Botschaft[40] oder der Tafel benannt werden: Eine erst in den beiden alten Corpora noch nicht enthaltene Fluchtafel aus dem 3. Jh. v.Chr. bietet etwa den Namen der Götter wie bei einem Brief als Empfänger auf der Außenseite der Tafel[41] – ein

---

37 Vgl. etwa die oben Anm. 17 genannten Tafeln in München.

38 Tab. Sul. 116 (Tomlin 1988, 252).

39 Graf 1996, 189.

40 DTA 102 etwa ist als Brief an die Dämonen und Persephone formuliert.

41 Ziebarth 1934, 1039 Nr. 20 (πρὸς τὰς Πραξιδίκας πρ[ὸς Ἑρμῆν ...).

treffendes Beispiel für einen solchen "Brief in die Unterwelt". Zugespitzt formuliert: Wenn Tanja Scheer in diesem Band das Gebet zu Recht als "religiöse Kommunikation von unten nach oben" bezeichnet, repräsentieren die Fluchtafeln eine religiöse Kommunikation "von unten nach ganz unten".

Schluß

Wie das Gebet stand im antiken Griechenland der klassischen und nachklassischen Zeit die Nutzung von Fluchtafeln als Form religiöser Kommunikation *allen* zur Verfügung: Männern und Frauen, Freien und Sklaven, Bürgern und Fremden. Wie beim Gebet bedurfte es für die Erstellung des Textes zumindest in jener Zeit keiner besonderen Kodierung, keines hochspezialisierten Formulars. Und wie das Gebet war auch der Fluch nicht an besondere Orte und Zeiten gebunden, auch wenn hier – wie beim Gebet der Tempel – offenbar Orte bevorzugt wurden, von denen man sich einen besonders guten Zugang zu den Unterweltsgottheiten erwartete.

Im Unterschied zum Gebet war jedoch diese Form religiöser Kommunikation ganz und gar nichtöffentlich; hier ging es um Botschaften an die – deshalb oft mit ihrer entsprechenden Epiklese definierten – Götter in der Unterwelt: Diese sollten die Botschaften verstehen und ausführen, den "eigentlichen" Adressaten der Botschaft, also den Kontrahenten, durfte die Botschaft hingegen nicht direkt zur Kenntnis gelangen. Nicht ein mündlich und möglichst laut vorgetragenes, auch von anderen hörbares Gebet, sondern ein heimliches Schreiben und Verbergen des Textes waren für diese Form der Kommunikation lange geradezu konstitutiv.[42] Entsprechend wurde die Gottheit auch nicht – etwa mit "Komm" wie beim Gebet – herbeigerufen, sondern nur genannt; freilich brachte man ihr das Medium selbst möglichst nahe, indem man es an Orten deponiert, die der Gottheit gut zugänglich waren.

Daß auch diese Form religiöser Kommunikation wirksam war, ist jedenfalls deutlich: Mag auch die Intention der Fluchenden unschön sein, die Wirkung war enorm – ja, Plinius kann sagen:

defigi quidem diris deprecationibus nemo non metuit.	Es gibt niemanden, der nicht fürchtet, durch furchtbare Verwünschungen gebannt zu werden.[43]

42 Die Vermeidung von Publizität hat offenbar auch noch länger als beim Gebet die Herausbildung von festen Formeln verzögert: Begegnet uns bis in die nachklassische Zeit eine Vielfalt von Fluchformen (und ist ein Einfluß "homerischer" Sprache nicht erkennbar), bildet sich erst in der Kaiserzeit und Spätantike eine Art 'Arkanwissen' um die wirksamsten Flüche heraus, das zu einer Verfestigung (und Verschriftlichung der Formulare, etwa in den sog. Zauberpapyi) geführt zu haben scheint.

43 Plinius, nat. hist. 28, 19.

Zeichen göttlichen Zornes
Eine mediengeschichtliche Untersuchung des römischen Prodigienwesens

Veit Rosenberger

Géza Alföldy zum 65. Geburtstag

"Ueber Opfer und Aufopferung denken die Opferthiere anders, als die Zuschauer: aber man hat sie von jeher nicht zu Worte kommen lassen."
Friedrich Nietzsche, Die fröhliche Wissenschaft

Einführung

Kometen und Meteoritenschauer, Kriegsschiffe am Himmel, wilde Tiere in der Großstadt. Was sich da liest wie ein Motivkatalog von Hollywood-Produktionen – die nebenbei bemerkt zu den einflußreichsten Medien des 20. Jh.s gehören –, ist nur eine willkürliche Auswahl von vier Prodigientypen. Prodigien, ein Phänomen der römischen Republik, lassen sich definieren als ungewöhnliche Geschehnisse, die den Zorn der Götter verkündeten. Sie ereigneten sich zu einem beliebigen Zeitpunkt innerhalb eines Jahres, bezogen sich nicht auf eine bestimmte Person, sondern auf das Gemeinwesen, sagten keine zukünftige Entwicklung voraus und wurden zu Beginn des neuen Jahres vom Staat aus kollektiv entsühnt. Es braucht nicht betont zu werden, daß Prodigien nur einen Teil der Divinationspraktiken der römischen Republik ausmachten. Zu unterscheiden von den Prodigien sind die Omina. Sie ereigneten sich direkt vor einem wichtigen Wendepunkt, galten für Einzelpersonen, hatten eine für alle verständliche Botschaft und wurden nicht entsühnt. Als Prodigium konnten neben den bereits angeführten Beispielen etwa die folgenden Phänomene betrachtet werden: Erdbeben, Mißgeburten, Himmelszeichen wie Sonnen- und Mondfinsternisse sowie Regen ungewöhnlicher Stoffe wie Blut oder Milch.

In diesem Beitrag soll versucht werden, das römische Prodigienwesen unter mediengeschichtlichen Aspekten vorzustellen, wobei der Begriff "Medium" alle materiellen Phänomene umfaßt, die eine Funktion in sozialen Informations- und Kommunikationssystemen erfüllen; Medien dienen dazu, Informationen zu erheben, zu speichern und weiterzugeben.[1] Ausgangspunkt

1 Vgl. Wandhoff 1996, 93-107; Giesecke 1991, 37-41.

ist der Ansatz des kanadischen Medientheoretikers Marshall McLuhan (1911-1980), der zu Beginn der 1960er Jahre die Welt angesichts weltumspannender Medien wie Radio, Fernsehen und Telephon, die in Sekundenschnelle über Kontinente hinweg Botschaften vermitteln, als *global village* bezeichnete. Seit der weltweiten Vernetzung durch das Internet gewann McLuhans Diktum vom globalen Dorf erneut an Aktualität. McLuhan formulierte die These, daß nicht die einzelne Botschaft, sondern vielmehr das sie vermittelnde Medium auf lange Sicht das eigentlich Wichtige sei und weitreichende Auswirkungen habe: *the medium is the message*.[2] Die Überprüfung der Gültigkeit von McLuhans These für das Prodigienwesen soll in vier Schritten geschehen: Zuerst werden die Mittelspersonen zwischen Menschen und Göttern behandelt, im zweiten Teil gilt es, die Prodigien als Medien vorzustellen; im dritten Kapitel wird die mediale Qualität der Entsühnungsriten untersucht, während sich das vierte Kapitel den im Zusammenhang mit den Vorzeichen relevanten Texten in ihrer Eigenschaft als Speicher- und Informationsmedien widmet.

1 Mittelspersonen

Bei der Untersuchung eines Divinationssystems läßt sich der Begriff "Medium" auch in der Bedeutung als Mittelsperson zwischen Göttern und Menschen verwenden. Medien dieser Art begegnen bei vielen Völkern; so erweist sich ein direktes Auftreten der Gottheit, sei es in einer Epiphanie oder im Traum, geradezu als der Königsweg göttlicher Willensäußerung. Träume sind in der griechischen Welt ein häufiges Phänomen, werden aber auch aus der römischen Königszeit berichtet. Aus der frühen Republik ist nur ein Beispiel bekannt. Zu Anfang des 5. Jh.s v.Chr. soll dem Bauern Titus Latinus im Traum aufgetragen worden sein, dem Senat zu melden, daß bestimmte Spiele, die nicht ordnungsgemäß verlaufen waren, zu wiederholen seien. Als er dies nicht tat, erschien ihm der Traum auch in der folgenden Nacht, doch auch dann gehorchte er nicht; als zur Strafe sein Sohn verstarb, hörte er immer noch nicht auf die Traumbotschaft. Erst als er selbst schwer erkrankte, brachte er die Sache vor und gesundete noch am selben Tag.[3]

Für die Betrachtung der Kommunikationswege zwischen Göttern und Menschen soll das folgende Modell gelten: Ein Signal wird vom Adressant ausgesendet und vom Adressaten wahrgenommen; vor dem Adressaten kann noch ein Empfänger zwischengeschaltet sein. Übertragen wir dies auf die Episode um den Traum des Titus Latinus: So waren die Götter die Adressanten, Titus Latinus der Empfänger und das römische Gemeinwesen der Adressat. Vergleichbar ist die Anekdote, die sich um die Auffindung der

2 McLuhan 1962 und 1964; vgl. Kittler 1998.

3 Cicero, De divinatione 1, 55; Livius 2, 36, 2-8; Valerius Maximus 1, 7, 4; Augustinus, De civitate Dei 4, 26.

Orakellose des berühmten Orakels von Praeneste (Palestrina) rankt: Ein Mann aus Praeneste namens Numerius Suffustius wurde mehrfach im Traum – hier zeigt sich die Parallele zu Titus Latinus – aufgefordert, an einer bestimmten Stelle einen Steinblock zu spalten. Unter dem Spott seiner Mitbürger befolgte er den göttlichen Befehl und aus dem geborstenen Stein sprangen die Lose aus Eichenholz hervor, bereits vollständig beschriftet.[4] Numerius Suffustius war das menschliche Medium, mit dessen Hilfe das Speichermedium Orakellos entdeckt wurde. Später wurden die Lose in einer Kiste aus Olivenholz aufbewahrt. Wollte man das Orakel befragen, so mußte ein des Lesens und Schreibens unkundiger Knabe ein Los herausgreifen, dessen Text als Orakel galt. Indes sollen diese beiden Beispiele nicht unseren Blick trüben: Aus der Blütezeit der Republik sind nur wenige Fälle von direkter Kommunikation zwischen Göttern und bestimmten Menschen durch Träume bekannt, Seher wie Teiresias traten nicht auf, Prophetinnen wie die Pythia, die in Delphi von Apollon selbst inspiriert wurde, gab es in Rom nicht. Stattdessen bildete sich in Rom das Prodigienwesen heraus, für das sich in der antiken Welt keine Parallelen finden lassen.

Die Besonderheiten des römischen Prodigienwesens gewinnen durch eine knappe Skizze der Vorgehensweisen, die bei einem Prodigium zu beachten waren, an Kontur. Leider sagen unsere Quellen nur in den wenigsten Fällen, welche Gottheit welches Prodigium geschickt hatte. Die direkten Empfänger der Prodigien werden nur selten genannt; es konnte sich um einzelne oder um eine Gruppe handeln. Diese ersten Empfänger gaben das Zeichen an einen hohen Amtsträger weiter, der als Filter fungierte, indem er die Ernsthaftigkeit und die Zuverlässigkeit der Empfänger prüfte, bevor er das Zeichen im Senat vortrug. Nun hatte der Senat die Vollmacht, das Vorzeichen anzunehmen und es dadurch zum Prodigium zu machen; doch ebenso hatte diese Körperschaft das Recht, es einfach abzulehnen. Wurde das Prodigium angenommen, so wurde es auf der Tafel des Pontifex Maximus publiziert. Zugleich leitete der Senat das Zeichen zur Deutung an die Priester weiter. Für diese Aufgabe der Dekodierung gab es drei Gremien: Pontifices, Decemviri und Haruspices. Die Priester zogen sich zurück und konsultierten ihre geheimen Schriften, aus denen sie dem Senat einen Entsühnungsritus – es ging nicht um die Deutung der Zukunft – vorschlugen. Durch den Ritus wurde eine neue Botschaft, nun von den Menschen zu den Göttern, kodiert. Wiederum stand es im Ermessen des Senats, die Empfehlungen der Priester anzunehmen oder zu verwerfen. Akzeptierte man die Deutung, so wurden zu Beginn des neuen Jahres die Entsühnungsriten vollzogen, wobei es auch bei diesem Schritt dem Senat freistand, zusätzliche Maßnahmen festzusetzen.[5] Durch die zahlreichen Sena-

4 Cicero, De divinatione 2, 85.

5 Vgl. Mommsen 1887-1888, 1059-1061; Luterbacher 1904, 60-69; Wülker 1903, 26-50, 64-70 und 76-80; Wissowa 1912, 390-392; Bloch 1984, 99f.

toren, die zugleich ein Priesteramt bekleideten, war eine jederzeit verfügbare Kompetenz in religiösen Angelegenheiten gewährleistet. Es zeigt sich, daß der Senat die entscheidende Rolle spielte.

Unter Berücksichtigung der menschlichen Medien im Sinne von Vermittlern können wir folgendes Modell der Kommunikationswege im Prodigienwesen rekonstruieren. Adressanten der Zeichen waren die Götter, Adressat der Senat als Vertreter des Gemeinwesens; zwischen diesen beiden waren zwei Empfänger und zugleich menschliche Medien geschaltet: Die Menschen, die das Zeichen zuerst sahen und die hohen Amtsträger, die es im Senat vortrugen. Die Priester dienten als Vermittler zwischen dem Senat und den Priesterbüchern. Stand der Ritus fest, so war der Senat, wiederum stellvertretend für den Staat, Adressant eines Ritus, dessen Adressat die Götter waren. Doch durch die Öffentlichkeit der Riten befanden sich zwischen Senat und Göttern noch die Bürger als Empfänger. Als Schnittstelle zwischen der *res publica* und den Göttern fungierte in Rom der Senat, in dem weltliche und geistliche Kompetenzen repräsentiert waren; den Priestern fiel hier nur eine marginale Rolle zu.

Priesterliche Hierarchien waren in Rom kaum ausgebildet; die Pontifices, Decemviri und Haruspices galten prinzipiell als gleichrangig, wobei die Priesterschaften selbst mit Ausnahme des Pontifex maximus als Kollegien gleichwertiger Mitglieder zu verstehen sind. Betrachtet man die drei mit der Prodigiendeutung betrauten Priesterkollegien unter der Dichotomie von innen und außen, von Römischem und Fremdem, so ergibt sich eine aufschlußreiche Konstellation: Sowohl die Pontifices als auch die Decemviri waren römische Bürger und gehörten dem Senatorenstand an, wobei lediglich die Pontifices Riten vollzogen, die als urrömisch angesehen wurden, während die Decemviri durch ihre Tracht und die in griechischer Sprache abgefaßten Sibyllinischen Bücher als Vertreter eines ursprünglich fremden Kultes gelten konnten. Im Falle der aus Etrurien stammenden Haruspices handelte es sich um Fremde, die einen fremden Ritus praktizierten und fremdes Wissen besaßen. Hier offenbart sich die Fähigkeit der Römer, von außen kommende Kulte für das Wohl des Gemeinwesens einzusetzen. Wie Bruce MacBain in seiner 1982 erschienenen Studie *Prodigy and Expiation* darlegen konnte, integrierte Rom die etruskische Oberschicht, indem man ihre Priester als Mittelspersonen konsultierte.[6] Gleichwohl war das Verhältnis zwischen Römern und Haruspices nicht ungetrübt; gab ein Haruspex eine ungelegene Antwort, so konnte man ihn leicht mit dem Hinweis auf die lange Feindschaft zwischen den beiden Völkern beiseite schieben. Dies zeigt sich auch in einer Episode aus dem Jahr 102 v.Chr., als ein Blitz in einen der stadtrömischen Iuppitertempel eingeschlagen hatte. Obwohl die Haruspices eine Interpretation wußten, hüllten sie sich in Schweigen, da der Blitzschlag ihnen und ihren Kindern den Untergang

6 MacBain 1982.

vorhergesagt hatte. Die sonst so vorbildlich funktionierende Interaktion war aufgrund der Ängste der Haruspices ausgefallen. Erst nach einiger Zeit brach der Haruspex Aemilius Potensis das Schweigen und erhielt dafür vom Senat eine Belohnung, ein Versuch zur Wiederaufnahme der bewährten Kommunikationswege.[7]

2 Prodigien als Medien

Prodigien lassen sich als Speichermedien beschreiben, die eine bestimmte Botschaft verkündeten. Versuchen wir nun, diese Botschaften zu dekodieren, so ist auf zwei wichtige Aspekte zu verweisen. Zum einen traten bei Prodigien keine Götter auf und sprachen mit den Menschen; es geschahen keine Wunder, Wasser wurde nicht in Wein verwandelt. Prodigien wie Finsternisse, Erdbeben oder Mißgeburten sind keine unerklärlichen Phänomene. Zu anderen Vorzeichen wie zum Beispiel Blut- und Steinregen gehört zwar eine Portion Phantasie, doch ist ihr Entstehen ebenfalls erklärbar. Blutregen etwa läßt sich als ein Regen verstehen, der mit rötlichem Sand aus Nordafrika gemischt ist – ein im Mittelmeerraum nicht seltenes Ereignis, das in seltenen Fällen auch nördlich der Alpen anzutreffen ist.[8] Zum anderen reduzierte sich die Variationsbreite der Prodigien auf wenige Typen, die in sich wieder ausdifferenziert sein konnten. Greifen wir einen dieser Typen heraus, beispielsweise die Blitzschläge, so können wir sie nach ihren Zielen wie etwa Menschen, Häuser, Tempel, Mauern, Tore etc. auffächern. War einmal ein Blitz als Prodigium anerkannt worden, so geriet jeder weitere Blitz zum Speichermedium, mit dem man die Vorstellung von einem ungünstigen Vorzeichen verband. Ähnlich verhielt es sich, wenn die heiligen Lanzen des Kriegsgottes Mars sich von selbst bewegten[9] – durch das relativ häufige Vorkommen dieses Zeichens und durch die Verbindung der Waffen mit Mars waren sie ein Medium, das die Botschaft "ein Krieg droht" speicherte. Ein solches Prodigium war leicht zu verstehen. Daher wurden während des II. Punischen Krieges problemlos andere Zeichen als Prodigium anerkannt, die diese Botschaft durch das Medium Schrift kommunizierten. In der etruskischen Stadt Falerii sprang aus dem Lostopf, der als Orakel verwendet wurde, ein Lostäfelchen heraus, auf dem die Worte *Mavors telum suum concutit*[10] – "Mars schüttelt seinen Speer" – standen. Zur gleichen Zeit sollen auch Tafeln mit derselben Botschaft vom Himmel gefallen sein.[11] Befand sich ein Uhu in der Stadt Rom, so galt dies als schlechtes Vorzeichen. In der Beschreibung des

---

7 Obsequens 44.
8 Krauss 1930.
9 Obsequens 6; 36; 44; 47; 50.
10 Livius 22, 1, 11.
11 Plutarch, Fabius Maximus 2, 2.

älteren Plinius schlägt sich eindrucksvoll die Qualität des Uhus als Speichermedium nieder:

Der Uhu wird als Leichenvogel zutiefst verabscheut, besonders bei den Auspizien; er bewohnt Einöden und nicht nur verlassene, sondern auch verwünschte und unzugängliche Orte; er ist ein Unhold der Nacht, gibt keinerlei Gesang, sondern nur ein Ächzen von sich. Er ist deshalb, in den Städten oder überhaupt am Tage gesehen, ein grauenvolles Vorzeichen.[12]

Ein Uhu verkörperte all das, was mit den Bereichen "außen", "unkultiviert", "verborgen" und "Tod" verbunden war und stellte somit einen lebenden Gegensatz zur *res publica* dar, deren Handlungen und Bräuche bis auf wenige Ausnahmen öffentlich, bei Tage und innerhalb der Stadtmauern angesiedelt waren. Ferner erinnerte der klagende Ruf dieses nächtlichen Raubvogels an die menschliche Stimme, wie aus einer Notiz für das Jahr 134 v.Chr. aus der Prodigiensammlung des Iulius Obsequens hervorgeht.[13] Damit bediente sich der Uhu eines menschlichen Mediums und gewann durch seine Fähigkeit zur Täuschung besondere Brisanz. Die Zeichenqualität eines Uhus war so groß, daß er auch für Privatleute Vorbedeutung hatte: Ließ sich ein Uhu auf einem Privathaus nieder, so kündigte dies den Tod eines der Bewohner an.[14] Allerdings waren bei weitem nicht alle Prodigien ein Speichermedium für eine detaillierte Botschaft; vielmehr sind deutliche Ausnahmen zu machen:

a) Bei einem Überblick fällt auf, daß manche Prodigien sich in bestimmten Phasen häufen; ihre Qualität als Speichermedium schwankt. So kennen wir zwischen 98 und 90 v.Chr. neun Fälle von Mißbildungen, zwischen 113 und 100 siebzehn Himmelslichtprodigien. Während das Schwitzen von Götterbildern nur im 1. Jh. v.Chr. belegt ist, sind Bienenschwärme, die sich an einem wichtigen Ort niederlassen, nur für 118, 103, 102, 48, 42 und 11 v.Chr. als Prodigien berichtet.[15] Solche Häufungen sind nicht dadurch bedingt, daß in bestimmten Phasen etwa mehr Bienenschwärme umherflogen, sondern durch die Bewährtheit eines Zeichens. Wenn sich ein Vorzeichen in einem Jahr als zuverlässig erwiesen hatte und auch vom Senat offiziell anerkannt worden war, so liegt es nahe, daß bald wieder ein ähnliches Prodigium gemeldet wurde. Nach wenigen Jahren scheint sich ein Zeichen abgenutzt zu haben, wobei sich keine festen Regeln für die Schwankungen aufstellen lassen.

b) Unter den Vorzeichen für das Jahr 173 v.Chr. findet sich unter anderem der Hinweis auf eine Heuschreckenplage. Diese Heimsuchung wurde zusam-

12 Plinius, Naturalis historia 10, 34f.: *Bubo funebris et maxime abominatus publicis praecipue auspiciis; deserta incolit nec tantum desolata, sed dira etiam et inaccessa; noctis monstrum, nec cantu aliquo vocalis, sed gemitu. Itaque in urbibus aut omnino in luce visus dirum ostentum est.*

13 Obsequens 27.

14 Plinius, Naturalis historia 10, 34f.

15 Eine Auflistung bietet Günther 1964, 234f.

men mit den übrigen Prodigien entsühnt.[16] Als ein Jahr später in Apulien riesige Heuschreckenschwärme einfielen, war der Schaden so groß, daß ein designierter Prätor zu ihrer Bekämpfung nach Apulien geschickt wurde. Trotz einer beträchtlichen Zahl von Helfern dauerte es lange, bis alle Heuschrecken eingesammelt waren.[17] Von der Deutung als Prodigium findet sich in diesem Jahr keine Spur. Es liegt der Schluß nahe, daß die erste Heuschreckenplage nicht so verheerend war; jedenfalls wird ihre Entsühnung erst zusammen mit anderen Expiationen genannt. Die Plage des nächsten Jahres hingegen war so schrecklich, daß sie Sofortmaßnahmen erforderlich machte. Offenkundig konnte der Senat aus pragmatischen Gründen das gleiche Phänomen in einem Jahr als Prodigium ansehen und im nächsten Jahr als rein technisches Problem handhaben.

c) Spätestens seit dem 1. Jh. v.Chr. kam es zu massiver Kritik am Prodigienwesen. Beschränken wir uns auf drei Beispiele. Cicero analysierte die Entstehung von Prodigien folgendermaßen:

Und solche Dinge erscheinen in Kriegszeiten häufiger und bedrohlicher für diejenigen, die sich fürchten, während die gleichen Erscheinungen im Frieden nicht die gleiche Beachtung finden; dazu kommt auch, daß man Derartiges im Zustand der Angst und der Gefahr leichter glaubt, insbesondere aber unbedenklicher erfindet.[18]

Nach Cicero schufen also Angst und Gefahr die Voraussetzung, daß ein Vorkommnis mit Zeichenhaftigkeit aufgeladen werden konnte. Einen Schritt weiter gelangen wir mit dem, was Livius über die Zeichen des Jahres 462 v.Chr. schrieb:

In diesem Jahr sah man den Himmel glühen und die Erde wurde von einem ungeheuren Erdbeben erschüttert. Daß eine Kuh geredet habe, was im Jahr zuvor keinen Glauben gefunden hatte, wurde jetzt geglaubt.[19]

Für Livius war dies ein Beispiel für die Leichtgläubigkeit der Römer und die Sogwirkung eines Zeichens. Hatte man das neuartige Vorzeichen der sprechenden Kuh im ersten Jahr noch abgetan, so bewirkten die bekannten Prodigien wie Erdbeben und Himmelsglühen, die längst den Status von Speichermedien erlangt hatten, daß man einem Tier das eigentlich dem Menschen reservierte Kommunikationsmedium Sprache zutraute. Es handelte sich hier um ein Medium, das in der Lage gewesen wäre, neue und wesentlich deutlichere Inhalte als die übrigen Prodigien zu transportieren. Doch die Worte der Kuh sind nicht überliefert – dies ist nicht verwunderlich, da eine solche

16 Livius 42, 2, 5.

17 Livius 42, 10, 7-8.

18 Cicero, De divinatione 2, 58: *atque haec in bello plura et maiora videntur timentibus, eadem non tam animadvertuntur in pace; accedit illud etiam, quod in metu et periculo cum creduntur facilius, tum finguntur inpunius.* Vgl. Garland 1995, 69.

19 Livius 3, 10, 6: *Eo anno coelum ardere visum; terra ingenti concussa motu est: bovem locutam, cui rei priore anno fides non fuerat, creditum.*

Botschaft nicht in den herkömmlichen Rahmen des Prodigienwesens paßte. In den wenigen anderen Fällen von sprechenden Tieren blieb die Botschaft allgemein gehalten. So soll im Jahre 192 v.Chr. ein Rind aus dem Besitz eines amtierenden Konsuls gesagt haben: *Roma, cave tibi* – "Rom, sieh dich vor"; diese Aussage entsprach dem Tenor der überwiegenden Mehrzahl der anderen Prodigien, die ja nur allgemein eine Störung des guten Verhältnisses zu den Göttern verkündeten.[20]

Eine Mischung aus Zweifel und Zuversicht hinsichtlich der Aussagekraft von Vorzeichen äußerte Plutarch in der Biographie des Coriolanus:

> Wenn man Götterbilder gesehen hat, die sich mit Schweiß bedeckten oder Tränen, ja Blutstropfen vergossen, so ist das nicht unmöglich; denn auch auf Gegenständen von Holz und Stein bildet sich ja oft ein Schimmel, der Feuchtigkeit erzeugt. Sie bekommen auch von selbst mancherlei Flecken oder nehmen Färbungen an aus der Luft, die sie umgibt. Und was sollte die Gottheit hindern, auf solche Weise gelegentlich ein Zeichen zu geben? Es ist auch möglich, daß Standbilder Geräusche hören lassen, die einem Ächzen oder Stöhnen ähnlich klingen.[21]

Es zeigt sich also, daß sich die Qualität eines Vorzeichens als Speichermedium ändern konnte. Hätten wir mit Träumen zu tun, so besäßen wir mit Artemidor ein nützliches Handbuch, das alle Motive entschlüsselt. Für die Prodigien gibt es nichts Vergleichbares. Auch bei der Analyse aller Prodigien und ihrer Entsühnungen kommt man auf keinen Motivkatalog. Um einen Einblick in die Botschaft der Prodigien zu gewinnen, ist ein anderer Zugang nötig. Wir sollten eher nach den Ängsten suchen, die sich durch die Prodigien artikulierten. Bei dieser Suche stoßen wir auf eine Gemengelage, in der sich unterschiedliche Schichten teilweise isolieren lassen, sich teilweise aber auch miteinander wieder vermischen: Einige Prodigien lassen sich auf verschiedene Weise verstehen. Erstens stellten Vorzeichen wie Hochwasser, Seuchen oder militärische Niederlagen selbst schon eine Katastrophe dar. Zweitens kann man viele Zeichen nach dem Prinzip der Analogie deuten; sie drücken Ängste vor Krieg (Waffenlärm, blutiges Schwert am Himmel) oder vor Einbrüchen im System der Fortpflanzung und im bäuerlichen Leben aus (Mißgeburten). Drittens sind alle Prodigien in der einen oder anderen Form als die Überschreitung einer Grenze zu begreifen – und dies ist der Schlüssel zum Verständnis der Prodigien. Es geht also nicht um einzelne Motive, sondern um strukturelle Gemeinsamkeiten der Prodigien: Hermaphroditen etwa transgredieren die Grenzen zwischen den Geschlechtern, eine Mißgeburt wie ein Knabe mit dem Kopf eines Elefanten stellt die Vermischung von Mensch und Tier dar; ein Wolf, der in die Stadt eindringt, hebt die durch die Stadtmauern und das *pomerium* definierten Grenzen zwischen innen und außen auf. Hier erweist sich das Konzept der Liminalität, von der sozialen Anthropologie

20 Vgl. Livius 35, 21, 4-5; 41, 13, 3; 43, 13, 3.
21 Plutarch, Coriolanus 38.

entwickelt, als entscheidend zum Verständnis der Prodigien: Grenzgängern aller Art wird immer eine besondere Bedeutung zugeschrieben.[22] Sie verletzen die Regeln und stellen eine Bedrohung dar, die – im Falle des römischen Prodigienwesens – als Zeichen des Zornes der Götter gilt.

Doch wie kam es dazu, daß Prodigien gesehen wurden? Zum einen kann man psychologisch argumentieren: Eine Krisensituation führt zu Angst und zur erhöhten Bereitschaft, Vorzeichen zu sehen. Daneben ist die dominierende Rolle des Senats zu berücksichtigen. Dabei war es keineswegs so, daß zynische Senatoren Zeichen erfanden, die von der ungebildeten Masse blind geglaubt wurden. Vielmehr ist davon auszugehen, daß der Senat aus einer Vielzahl von Berichten über angebliche Zeichen auswählte; es ist klar, daß in Kriegszeiten mehr Vorzeichen anerkannt wurden, um entsprechende Riten durchführen lassen zu können. Der vermeintlich so ausgeprägte Aberglaube der Römer, in der Antike und in der Moderne als wichtiger Bestandteil römischer Mentalitäten verkündigt, erwies sich bei der Meldung von Prodigien als keineswegs entscheidend; Vorzeichen führten nicht zu Panik und waren auch nicht das Ergebnis von Paranoia.[23] Im Gegensatz zu apokalyptischen Visionen sagten die nahezu alljährlich auftauchenden Prodigien nicht den Untergang der Welt voraus: Da es noch immer gelungen war, die Zeichen zu entsühnen und die Götter zu versöhnen, konnten Prodigien geradezu als ein Indiz von Normalität gelten. Unterschiedliche Prodigien waren nicht Speichermedien für unterschiedliche Botschaften, sondern alle Vorzeichen lassen sich darauf reduzieren, daß das Gemeinwesen die Götter zu versöhnen habe.

Mit dem Niedergang des Prodigienwesens am Ende der Republik korrelierte das Aufkommen von Zeichen für einzelne Feldherren und Politiker, die zunehmend die Macht an sich rissen. Solche Omina hatten im Vergleich zu den Prodigien eine konkrete Aussage, zumeist sogar eine glückliche Botschaft. So soll Caesars Sieg gegen Pompeius in der Schlacht bei Pharsalus 48 v.Chr. gleich an mehreren Orten durch Omina angezeigt worden sein. Zum einen wuchs im Tempel der Nike zu Tralles in Kleinasien vor dem Bild Caesars in kurzer Zeit eine Palme, ein Ereignis von medialer Bedeutung: Vor der steinernen Speicherung Caesars stand ein mit Sieghaftigkeit codierter Baum, der ebenso wie der Ort, der Tempel der Siegesgöttin Nike, auf den militärischen Erfolg verwies. Eine besondere Qualität besitzt die Erzählung über einen Augur, der in Patavium (Padua) aufgrund des Vogelfluges den Sieg Caesars erkannte:

> In Patavium saß Gaius Cornelius, ein Meister der Mantik, Landsmann und Freund des Schriftstellers Livius, gerade an jenem Tag bei der Vogelschau. Und zuerst, wie Livius berichtet, erkannte er den Augenblick der Schlacht und sagte zu den Umstehenden: 'Jetzt

22 Douglas 1966, 121-128; Turner 1967, 93-111.
23 Rosenberger 1998, 25-78.

fällt die Entscheidung, die Männer schreiten zur Tat.' Dann wandte er sich wieder der Beobachtung zu. Als er die neuen Zeichen sah, sprang er voller Enthusiasmus auf und rief: 'Du siegst, o Caesar!' Während die Anwesenden bestürzt waren, riß er sich den Kranz vom Haupt und tat den Schwur, ihn nicht eher aufzusetzen, bis die Ereignisse für seine Kunst gezeugt hätten. Livius steht dafür ein, daß sich dies wirklich so zugetragen habe.[24]

In dieser Beschreibung werden wir Zeugen einer kommunikationstechnischen Besonderheit, wurde doch für den Priester das mit dem Auge erkennbare Verhalten der Vögel zum Medium, das über rund tausend Kilometer Luftlinie hinweg Caesars Sieg in Echtzeit wiedergab – die Fiktionalität dieser Begebenheit ist nur unwesentlich größer als die von Fernsehbildern.

3 Riten als Medien

Auch wenn zu Beginn der Antike durch die Einführung der Schrift die erste wirklich bedeutsame Medienrevolution stattgefunden hatte, waren alle westlichen Gesellschaften bis hin zur zweiten medialen Revolution, der Erfindung des Buchdrucks, weitgehend von Oralität geprägt.[25] Orale Kulturen können sich vor allem bei Riten zu multimedialen Kommunikationsgemeinschaften zusammenfinden, in denen der gesamte Körper an der Erhebung, Speicherung und Übertragung von Daten beteiligt sein kann.[26] Riten lassen sich also auch als Medien verstehen.

War ein Prodigium zu entsühnen, so stand eine umfangreiche Palette an Riten zur Verfügung, die alle durch Sichtbarkeit geprägt waren – den Ritus sehen hieß am Ritus teilnehmen. Bestandteil der meisten Entsühnungen waren Opfer. Ferner begegnen Sündenbockrituale, das Aussetzen oder Verbrennen eines als Prodigium erkannten Wesens, Göttermähler, Prozessionen und Spiele. Ähnlich wie bei den Prodigien lassen sich die Entsühnungsriten auf wenige Typen reduzieren, die immer wieder vorkamen und damit auch die Eigenschaft als Speichermedium besaßen. War einmal ein Zeichen mit einem bestimmten Ritus erfolgreich entsühnt worden, so war dieser Ritus als richtig erfahren. Doch wie bei den Prodigien sind auch hier Ausnahmen zu machen. Nur bei wenigen Prodigien kennen wir einen fest etablierten Expiationsritus. Steinregen etwa wurden durch ein neuntägiges Opferfest entsühnt, bei dem Arbeit und Rechtspflege ruhen mußten. Nach der römischen Tradition geht dieser Brauch bereits auf den König Tullus Hostilius zurück; als damals in Rom berichtet wurde, daß auf den Albaner Bergen ein Steinregen niederging, schickte man eine Gesandtschaft, die das Zeichen bestätigte und überdies eine mächtige Stimme aus dem Hain auf dem Gipfel des Berges vernahm. Livius berichtet:

---

24 Plutarch, Caesar 47.

25 Ong 1987, bes. 109f.; Harris 1989; Beard u.a. 1991; Giesecke 1991, 30-32; Havelock 1992, 47-56.

26 Wandhoff 1996, 59.

Auch die Römer unternahmen auf dieses Prodigium hin öffentlich ein neuntägiges Opferfest, entweder wegen der himmlischen Stimme auf dem Albaner Berg – denn auch das wird überliefert – oder auf Anordnung der Haruspices. Es hielt sich jedenfalls der Brauch, immer dann, wenn dieses Prodigium gemeldet wurde, neun Tage lang *feriae* durchzuführen.[27]

Das Speichermedium Steinregen erlaubte es, immer nach einem solchen Zeichen ohne ausführliche Rückfrage ein neuntägiges Opferfest abzuhalten. Eine vergleichbare Situation bot sich bei einem anderen Prodigium: War ein Blitz innerhalb des Stadtgebiets von Rom in den Boden gefahren, so wurde er mit einem archaischen Ritual begraben, in dem man Zwiebeln, Haare und Sardellen opferte. Über dieser Stätte errichtete man aus eng zusammengefügten Steinplatten ein Blitzmal, dessen Form an ein Häuschen erinnert. Auf diesem Monument war eine Inschrift angebracht: *fulgur conditum* – "ein Blitz ist begraben".[28] Die Eigenschaft eines Blitzmals als Speichermedium wurde durch die Verwendung von Schrift verstärkt; sollten spätere Generationen die Bedeutung der Konstruktion vergessen haben, so garantierte die Schrift als Informationsträger, daß der Ort, an dem ein Blitz eingeschlagen hatte, auf alle Zeiten verschlossen blieb. Doch dies sind die Ausnahmen; andere Prodigien wurden nicht zwangsläufig immer gleich entsühnt.

Der mediale Charakter von Entsühnungsriten läßt sich anhand des besonders ausführlichen Berichts des Livius über das Jahr 207 v.Chr. demonstrieren. In diesem Jahr, in dem Hannibals Bruder Hasdrubal mit einem Entsatzheer in Südgallien nur auf den Frühling wartete, um die Alpen zu überqueren, drohte besondere Gefahr, der man mit außergewöhnlichen Entsühnungen zu begegnen versuchte. Nachdem eine ganze Reihe von Prodigien bereits entsühnt worden war, kam aus dem etwa 70 km südöstlich von Rom gelegenen Frusino die Nachricht von der Entdeckung eines vierjährigen Hermaphroditen. Die Haruspices bezeichneten das Kind als ein entsetzliches Prodigium, legten es lebend in eine Kiste, fuhren damit aufs hohe Meer hinaus und warfen das unglückliche Wesen über Bord. Danach ordneten die Pontifices an, daß 27 Jungfrauen in einer Prozession durch Rom ziehen und ein Lied singen sollten. Livius berichtet darüber:

Vom Tempel des Apollo wurden zwei weiße Kühe durch die *porta Carmentalis* in die Stadt geführt, nach ihnen wurden zwei Standbilder der Iuno Regina aus Zypressenholz getragen, dann kamen 27 Jungfrauen in langem Gewand, das Lied auf die Iuno Regina singend, das für die ungebildeten Geister jener Zeit vielleicht lobenswert war, heute aber, wollte man es wiedergeben, befremdend und plump wäre. Den Jungfrauen folgten die Decemviri, mit Lorbeer bekränzt und in der purpurbesetzten Toga. Vom Tor kamen sie über den *vicus Iugarius* auf das *forum*. Auf dem *forum* machte der Zug halt, die Jungfrauen ließen ein Seil durch ihre Hände laufen und machten ihre Schritte, indem sie zum Klang der Stimme mit

---

27 Livius 1, 31, 2-4: *Romanis quoque ab eodem prodigio novendiale sacrum publice susceptum est, seu voce caelesti ex Albano monte missa – nam id quoque traditur – seu haruspicum monitu; mansit certe sollemmne ut quandoque idem prodigium nuntiaretur feriae per novem dies agerentur.*

28 Bloch 1963, 72.

den Füßen den Takt stampften. Von da ging es weiter durch den *vicus Tuscus*, das *Velabrum*, über das *forum boarium* und den *clivus Publicius* zum Tempel der Iuno Regina. Dort wurden zwei Opfertiere von den Decemviri geopfert und die Götterbilder aus Zypressenholz in den Tempel getragen.[29]

Mehrere Bestandteile dieser Prozession lassen sich als Medien begreifen. Am wichtigsten waren die beiden Kultbilder der Iuno, vergleichbar mit Heiligenbildern, als Vermittler zur Göttin vorgeschaltet. Der Tempel der Iuno Regina galt als der Wohnsitz der Iuno. Wurden nun die Statuen, hölzerne Speicherungen des Abbildes der Gottheit, in den Tempel der Iuno gebracht, so wurde damit der Status der Bilder als Medium in der Kommunikation mit Iuno eindrucksvoll unterstrichen. Verstärkung erfuhr dieses Erlebnis noch dadurch, daß ein Tempel in der Regel geschlossen war – die Kultbilder waren von außen nicht mehr sichtbar und nunmehr eindeutig im Besitz der Iuno. Weihungen von gleich zwei Kultbildern für eine Gottheit waren in Rom keine Seltenheit.[30] Daß bei einer schrecklichen Mißgeburt Iuno als die Gottheit, die es zu besänftigen galt, gesehen wurde, ist zum einen auf ihre Bedeutung als Geburtshelferin zurückzuführen.[31] Zum anderen ist zu bedenken, daß sich seit dem Beginn des 2. Punischen Krieges immer wieder Vorzeichen ereignet hatten, die mit Iuno in Verbindung gebracht wurden. Mit den Entsühnungen für die römisch-italische Iuno sollte auch die punische Göttin Tanit, die man mit Iuno identifizierte, auf die Seite Roms gezogen werden.[32] Doch es lassen sich noch weitere Medien erkennen. So war die weiße Farbe der Kühe, die später geopfert werden sollten, ein Code für kultische Reinheit. Die 27 Jungfrauen verließen durch ihr Auftreten ihren normalen Status. Ihre Kleidung, ihre Anzahl (3x3x3), das eigens verfaßte Lied sowie der auf dem Forum, dem politischen Zentrum Roms, aufgeführte Tanz machten ihr Auftreten zu einem nahezu multimedialen Ereignis. Auch die Angehörigen des Priesterkollegiums der Decemviri waren mit besonderen Medien versehen, mit Lorbeerkranz und purpurgesäumter Toga; der Lorbeer als Zeichen für Reinheit und Sieghaftigkeit, die purpurne Toga als Standesabzeichen, das jedem zeigte, daß sie zum Senat gehörten. Bestandteil vieler Prozessionen in Rom waren Schrifttafeln, auf denen einzelne Aspekte erklärt wurden; die Annahme, daß dieses

---

29 Livius 27, 37, 7-15: *Ab aede Apollinis boves feminae albae duae porta Carmentali in urbem ductae; post eas duo signa cupressea Iunonis reginae portabantur; tum septem et viginti virgines, longam indutae vestem, carmen in Iunonem reginam canentes ibant, illa tempestate forsitan laudabile rudibus ingeniis, nunc abhorrens et inconditum si referatur; virginum ordinem sequebantur decemviri coronati laurea praetextatique. A porta Iugario vico in forum venere; in foro pompa constitit et per manus reste data virgines sonum vocis pulsu pedum modulantes incesserunt. Inde vico Tusco Velabroque per bovarium forum in clivum Publicium atque aedem Iunonis reginae perrectum. Ibi duae hostiae ab decemviris immolatae et simulacra cupressea in aedem inlata.*

30 Obsequens 43.

31 Vgl. Obsequens 27a.

32 Bloch 1976, bes. 34.

zusätzliche Medium auch im Jahre 207 v.Chr. Verwendung fand, besitzt eine gewisse Plausibilität.[33]

Vergegenwärtigt man sich den Ablauf der Prozession auf einem Stadtplan, so verlief sie nicht auf dem kürzesten Weg vom Apollotempel zum Tempel der Iuno, sondern beschrieb einen großen Bogen. Dadurch wurde nicht nur die Dauer des Zuges mehr als verdoppelt, sondern auch ein größerer Teil der Stadt berücksichtigt. Beides bot den Vorteil, daß eine große Menschenmenge die Prozession sehen und bis zu einem gewissen Grad auch teilhaben konnte. Dies ließ sich möglicherweise dadurch potenzieren, daß die Zuschauer den Zug an mehreren Stellen wieder sehen konnten. Hierbei ist die Bedeutung von Sichtbarkeit und Öffentlichkeit hervorzuheben: Prodigienentsühnungen wurden nicht im Dunkel der Nacht, in der Abgeschiedenheit eines Tempels und von wenigen eingeweihten Priestern vollzogen, sondern fanden am Tage statt, in der Öffentlichkeit und für die Bürgerschaft sichtbar; sie hatten schauspielhaften Charakter.[34] So ist es nicht verwunderlich, daß die Einrichtung von Spielen ein Mittel zur Versöhnung einer Gottheit war und die Expiationsriten bisweilen zusammen mit Schauspielen erwähnt sind – diese Tendenz gewann im Lauf der mittleren und späten Republik immer mehr an Bedeutung.[35]

Was war nun, um auf McLuhan zurückzukommen, die Botschaft dieser so unterschiedlichen Medien? Wir sehen an der Prozession des Jahres 207, wie verschiedene Teile der Gesellschaft durch ihre Standesabzeichen auftraten. Riten dieser Art machten die Gesellschaft für sich selbst anschaulich: Senatoren, Ritter, Freigelassene, Männer und Frauen hatten unterschiedliche Funktionen im Kultwesen. Hiermit grenzte sich der römische Staat auch nach außen, gegen fremde Völker und Staaten, ab. Überdies wurde durch die Opfer, Prozessionen, Göttermähler etc., die sich als symbolische Zurücknahme frevlerischer Anmaßung verstehen lassen, die Grenze zu den Göttern deutlich gezogen. Die gesamten Riten dienten dazu, die *pax deorum*, den Frieden mit den Göttern wiederherzustellen; die Vorstellung von einem guten Einverständnis zwischen Göttern und Menschen läßt sich als Metapher für die Eintracht und als Mittel zur Förderung der Identifikation und Verbundenheit innerhalb des Gemeinwesens interpretieren. Somit geriet die öffentlich vollzogene Wiederherstellung der *pax deorum* zur symbolischen Beilegung aller inneren Zwistigkeiten.

Die Prodigienentsühnungen waren nicht nur in Rom Informationsmedien, sondern konnten weit über die Stadt hinaus wirken. Etwa die Hälfte der Prodigien ereignete sich in Rom selbst, der Großteil der übrigen in Mittelitalien. Wurde ein Zeichen aus einer mittelitalischen Stadt in Rom entsühnt, so zeigten die Römer einerseits, daß sie sich um die Belange der Verbündeten

33 Vgl. Veyne 1983, 281-300; Beard 1991, 42.

34 Vgl. Burkert 1981, 96.

35 Bernstein 1998, bes. 227-311.

kümmerten; zugleich aber unterstrichen sie gerade durch die Zentrierung auf Rom ihren Machtanspruch. Daher korrespondierten die Zeichen und ihre Entsühnung nur auf einem abstrakten Niveau: Waren die Prodigien Ausdruck der Verletzung und Überschreitung einer Grenze, so wurden die Grenzen durch die Riten wiederhergestellt. Einzelne Riten und einzelne Medien waren austauschbar – wichtig war, daß die *res publica* in Aktion trat.

4 Texte als Speicher- und Informationsmedien

In der Beurteilung der Literalität zur Zeit der römischen Republik ist zu differenzieren. Während breite Schichten wohl kaum lesen und schreiben konnten, verfügten die Priester über zum Teil eigenständige Informationssysteme, die auf Schrift beruhten und zugleich Schriftlichkeit förderten. Zum einen ist hier das Speichermedium der Schriftrolle zu nennen. Sämtliche Schriften mit Hinweisen auf die Deutung von Vorzeichen unterlagen strengster Geheimhaltung. Selbst ihr Ursprung war rätselhaft. So wurden die Sibyllinischen Bücher angeblich einem der Tarquinierkönige von einer unbekannten Greisin zum Kauf angeboten. Als dem König der Preis zu hoch war, warf sie vor seinen Augen ein Drittel der Bücher ins Feuer; als der König immer noch zauderte, verbrannte sie das zweite Drittel, so daß der Tarquinier schließlich befürchten mußte, alles zu verlieren. Schließlich erwarb er das verbleibende Drittel für den vollen Preis.[36] Nach der etruskischen Tradition gehen die Bücher der Haruspices auf Tages zurück, der mit dem Aussehen eines Knaben und der Weisheit eines Greises begabt aus der Erde gepflügt wurde: Die *libri haruspicini* behandelten die Eingeweideschau, die *libri fulgurales* die Blitzdeutung und die *libri rituales* die Riten im Rahmen des Prodigienwesens.[37] Auch die Pontifices[38] und die Auguren hatten ihre geheimen Bücher.[39] Die schriftliche Fixierung des religiösen Wissens, ein Prozeß, der sich über eine lange Zeitspanne in der Republik hinzog, führte dazu, die bestehende Ordnung zu festigen.[40] Allerfsdings waren die Schriften der verschiedenen Priesterschaften nur für die Priester selbst zugänglich, zusätzlich wurde die Häufigkeit der Zuhilfenahme etwa der Sibyllinischen Bücher dadurch reduziert, daß sie von den Decemviri nur auf Geheiß des Senats eingesehen werden durften – all dies trug dazu bei, die Schriften mit der Aura des Geheimnisvollen zu versehen.

Hervorhebung verdient ferner die Sprache dieser Texte: Während die Schriften der Haruspices in etruskischer Sprache vorlagen und erst im Laufe

36 Gellius 1, 19, 2; vgl. allgemein Parke 1988, 136-151.

37 Vgl. Thulin 1905-1909; Wissowa 1912, 544; Harris 1971, 4-40.

38 Vgl. Rohde 1936.

39 Vgl. Linderski 1985 und 1986; eine Übersicht über die verschiedenen Bücher bietet Cancik 1983, bes. 568-574.

40 Beard 1991; vgl. Beard 1998.

des 1. Jh.s v.Chr. ins Lateinische übersetzt wurden[41], waren die Sibyllinischen Bücher in griechischer Sprache abgefaßt, so daß die Decemviri sich bisweilen richtiger Übersetzer bedienen mußten.[42] Da die Bücher in Schriftzeichen geschrieben waren, die sich von den in Rom verwendeten unterschieden, machte dies eine Interpretation bereits vor der eigentlichen Vorzeichendeutung notwendig. Das Medium war verschlüsselt und stand nicht jedem offen. Auf den Verrat des Geheimnisses standen schwerste Strafen. Als einer der ersten Hüter der Sibyllinischen Bücher insgeheim einige Verse kopierte, mußte er diese Verletzung des Copyrights bitter büßen: Man nähte ihn zur Strafe in einen Sack und warf ihn ins Meer. Die Ähnlichkeit der Bestrafung mit der eines Hochverräters zeigt an, daß der untreue Priester sich an einem Staatsgeheimnis vergangen hatte.[43] Daneben stellten die geheimen Schriften in ihrer Rätselhaftigkeit ein Verbindendes dar, da bis auf besondere Notfälle alle von ihrem Gebrauch ausgeschlossen waren. Das gemeinsame Geheimnis, die von allerlei Spekulationen umrankte Leerstelle, wirkte identitätsstiftend.[44] Über das Phänomen des Geheimnisses schrieb der Soziologe Georg Simmel: "Der natürliche Idealisierungstrieb und die natürliche Furchtsamkeit des Menschen wirken dem Unbekannten gegenüber zu dem gleichen Ziele, es durch die Phantasie zu steigern und ihm eine Aufmerksamkeitsbetonung zuzuwenden, die die offenbarte Wirklichkeit meistens nicht gewonnen hätte".[45] Die Geheimhaltung der Bücher trug also zur Respektierung der aus den ihnen abgeleiteten Empfehlungen bei, gestattete diesem Medium aber auch nur eine indirekte Außenwirkung. Zugleich stellte auch hier der Senat seine dominierende Stellung unter Beweis, da er die aus den Büchern gewonnenen Entsühnungsriten ablehnen konnte.

Aus diesen Gründen reagierte der Senat äußerst empfindlich, wenn neues religiöses Wissen auftauchte, wie das folgende Beispiel illustriert. Im Jahre 181 v.Chr. wurden am Fuße des Ianiculum zwei steinerne Kisten entdeckt, die beide in lateinischer und griechischer Sprache beschriftet waren. In der einen befand sich laut Aufschrift der Leichnam des Königs Numa Pompilius, in der anderen waren die Bücher des Königs. Der Sarkophag, der den Körper des Königs enthalten sollte, war indes leer, im anderen fanden sich zwei unversehrte Bündel, die jeweils sieben Bücher enthielten: sieben in lateinischer Sprache über das Pontifikalrecht sowie die gleiche Anzahl von Büchern in griechischer Sprache über Philosophie. Der Praetor urbanus ließ sich die Bücher aushändigen, befand sie als schädlich und ließ sie mit der Zustimmung des Senats verbrennen.[46] Durch die Aufbewahrung im Sarg wurde das Buch

41 Rawson 1978.
42 Bloch 1963, 100-108; Orlin 1997, 82.
43 Zonaras 7, 11, 1; vgl. Orlin, 1997 81f.
44 Vgl. Beard 1995, 174.
45 Simmel 1968, 274; Speyer 1990 und 1993; Kippenberg/Stroumsa 1995.
46 Livius 40, 29, 3-14; Augustinus, De civitate Dei 7, 34, 1-15.

mit dem Körper assoziiert.[47] In diesem Fall lassen sich nicht nur die Bücher, sondern auch der Leichnam des Numa Pompilius als Speichermedium beschreiben, rankten sich doch um diesen zweiten König Roms, dessen Herrschaftszeit nach der römischen Chronologie im ausgehenden 8. Jh. v.Chr. lag, zahlreiche Mythen. War Romulus der Begründer der Stadt, so galt Numa als derjenige, der Rom die religiösen Vorschriften brachte. Doch da der Sarkophag des Numa Pompilius leer war, mußten auch die Schriften wertlos sein. Vergleichbar mit dem Vorgehen des Praetors war die Handlungsweise des Lucius Aemilius Paullus, der als Sieger der Schlacht bei Pydna (168 v.Chr.) das Orakel des Zeus Trophonios im boiotischen Lebadeia besuchte und sich eine eherne Tafel mit Weissagungen für die Römer aushändigen ließ.[48] Insgesamt zeigen diese beiden Episoden, daß das Speichermedium Schrift vom Senat monopolisiert war.

Im Umgang mit den Sibyllinischen Büchern spiegelt sich der Wandel von der Republik zur Monarchie wider. Da diese Bücher durch ihre Einmaligkeit und ihre Geheimhaltung nicht bekannt waren, konnte andererseits auch niemand genau sagen, was nicht zu ihnen gehörte. Auch wenn in unserer Zeit durch Sicherungskopien, zusätzliche Disketten und Ausdrucke kein Text mehr so einmalig ist, daß der Verlust eines Exemplars zu einer persönlichen Katastrophe gerät, war die Situation in der Antike natürlich anders. Die Schriften von Cicero oder Livius wurden zwar recht bald in Schreibstuben vervielfältigt, die Sibyllinischen Bücher dagegen durften aufgrund ihrer Geheimhaltung nicht kopiert werden. Der Nachteil dieses Systems erwies sich in den Bürgerkriegswirren des Jahres 83 v.Chr., als beim Brand des Kapitols die Sibyllinischen Bücher dem Feuer zum Opfer fielen. Man hatte keinen festen Anhaltspunkt über ihren Inhalt, machte sich aber ans Sammeln Sibyllinischer Sprüche; die Zahl der Sprüche schwoll so stark an, daß Augustus sich 12 v.Chr. genötigt fühlte, die Sammlung zu durchforsten und im Apollotempel, der mit seinem eigenen Haus verbunden war, zu deponieren.[49] Augustus demonstrierte durch die Sibyllinischen Bücher unübersehbar seine Machtansprüche, der Senat war mit diesem Medium nicht mehr befaßt.

Das zweite wichtige Medium im Rahmen des Prodigienwesens war die öffentlich ausgehängte Tafel des Pontifex maximus. Schon allein die Art und Weise des Mediums unterscheidet sich eindrucksvoll von den Schriftrollen. Während sich die fragilen Schriftrollen kaum dauerhaft im Freien ausstellen lassen, sind Inschriften von vornherein dazu bestimmt, in der Öffentlichkeit gesehen zu werden. Der Pontifex maximus hängte die mit Gips überzogene Tafel von unbekanntem Format, die jährlich erneuert wurde, vor seinem Amtssitz auf dem Forum aus. Es ist wahrscheinlich, daß zunächst die hohen

---

47 Vgl. Wandhoff 1996, 93-107.

48 Obsequens 50; vgl. Speyer 1970.

49 Sueton, Augustus 31, 1.

Amtsträger eingetragen wurden. Im Laufe des Jahres kamen weitere Nachrichten dazu, wie Teuerungen, Tempelweihungen, Ergänzungen von Priesterkollegien, andere für das öffentliche Leben bedeutsame Ereignisse und schließlich auch die Zeichen, die als Prodigium anerkannt worden waren. Eine schriftliche Fixierung scheinbar unvereinbarer Elemente wie Vorzeichen und Teuerungen darf angesichts der engen Verflechtung von priesterlichen und weltlichen Ämtern nicht verwundern.

Aus den wenigen Nachrichten, die wir über die Tafeln der Pontifices besitzen, läßt sich eine Entwicklungslinie erkennen. Priester verfaßten Notizen vielleicht schon in archaischer Zeit; eine Zäsur stellte die Eroberung Roms durch die Gallier zu Beginn des 4. Jh.s v.Chr. dar, in der das gesamte frühere Material verlorenging. In der Zeit danach scheinen die Priester wieder einzelne Nachrichten festgehalten zu haben, ohne daß wir sagen können, ob sie auch publiziert wurden. Als nächster wichtiger Einschnitt ist wohl das Jahr 249 v.Chr. anzusehen. Seit diesem Datum hängte der Pontifex maximus die Tafeln in jedem Jahr aus.[50] Diese Praxis wurde bis ins ausgehende 2. Jh. v.Chr fortgesetzt. Publius Mucius Scaevola, der zwischen 130 und etwa 115 v.Chr. das Amt des Pontifex maximus bekleidete, hängte als letzter Oberpriester die mit Gips geweißte Tafel vor seinem Haus auf. Zugleich publizierte er, so scheint es, den gesamten Bestand in 80 Büchern, die sogenannten *annales maximi*.[51]

Welche Auswirkungen lassen sich diesen Veränderungen zuschreiben? Über die Zeit vor 249 v.Chr. können wir keine Aussagen machen. Im Gegensatz dazu mußte die Neuerung dieses Jahres Wirkung zeigen, auch wenn nur eine kleine Gruppe im Umgang mit Religion das Speichermedium Schrift verwendete und die meisten Bürger Analphabeten waren.[52] So läßt sich die Tafel der Pontifices mit dem symbolischen Niederschreiben[53] der Prodigien als ein erster ritueller Akt im Komplex des römischen Prodigienwesens verstehen; zugleich war dies eine erste Selektion der unterschiedlichen Gerüchte über Götterzeichen und mithin Ausübung von Macht.[54] Die aushängenden Tafeln sollten möglicherweise vermeiden, daß ein Strom von Besuchern dem Pontifex Maximus ein bereits registriertes Prodigium melden wollte; umgekehrt blieb durch die Überprüfbarkeit kein für wichtig erachtetes Zeichen ungemeldet.[55] War ein Vorzeichen vom Senat als Prodigium anerkannt, so mußte es entsühnt werden. Somit kündigten die aufgelisteten Vorzeichen Ergänzungen zum Festkalender an, dessen schriftlicher Fixierung enorme Bedeutung zukam[56] – Dauer und Art der Expiation blieben zwar den Empfehlungen der

50 Frier 1979, 83-105; Rüpke 1993 und 1995b.
51 Rawson 1971; Frier 1979, 161-178; Drews 1988.
52 Vgl. Beard 1991, 39.
53 Vgl. Beard 1985.
54 Zum Schreiben als Ausübung von Macht Steiner 1994.
55 Drews 1988, 289-299.
56 Zum römischen Kalender vgl. Rüpke 1995a.

Priester und der letztlichen Zustimmung des Senats überlassen, doch dürften die Betrachter aufgrund von Erfahrungen aus früheren Jahren in der Lage gewesen sein, das Ausmaß einigermaßen einzuschätzen. Da die Tafeln mitten im Zentrum des öffentlichen Lebens zu lesen waren und Nachrichten enthielten, die – wie etwa die Nennung der beiden Konsuln – die *res publica* als Ganzes betrafen, war das Speichermedium Schrift eng mit dem Gemeinwesen und vor allem mit dem Senat, der den Staat lenkte, verbunden. Die Tafel des Pontifex präsentierte sich, zumindest was die Prodigien anging, als ein flexibles System, das prinzipiell jeden Tag zusätzliche Zeichen zuließ.[57] Hier korrespondierte die Offenheit des Mediums mit der Bereitschaft des Senats, sich um die Gefahren für den Staat zu kümmern. Eine Prodigienliste schüchterte nicht die Menschen ein, sondern stellte Vertrauen her, denn man hatte es noch immer geschafft, die Vorzeichen durch die entsprechenden Maßnahmen zu entsühnen und die Götter gnädig zu stimmen. Schrift war ein Ausdruck von Macht, durch die Regelmäßigkeit aber auch ein Ausdruck von Normalität, Kontinuität und römischer Identität.[58]

Wenn Publius Mucius Scaevola zwischen 130 und etwa 115 v.Chr. als letzter Pontifex maximus eine geweißte Tafel vor seinem Haus aufhängte und gleichzeitig die *annales maximi* publiziert wurden, so stellte dies einen Einschnitt dar, der Erklärung erfordert. Im Laufe der Zeit hatte sich im Amtssitz der Oberpriester eine Sammlung der Tafeln vergangener Jahre gebildet, die eine – wenn auch bescheidene – Speichertechnologie darstellte. Dieses Archiv bildete einen wichtigen Teil des kulturellen Gedächtnisses[59] Roms, dessen Funktion als direkte Materialbasis für die römische Geschichtsschreibung umstritten ist.[60] Für die Priester zumindest war diese Sammlung ein Fundus, auf den sie im Notfall zurückgreifen konnten, um einen Präzedenzfall für ein Prodigium zu suchen; auch dies führte in der Bevölkerung zu erhöhtem Vertrauen.[61] Die Publikation der 80 Bücher läßt sich als konsequente Fortführung der Veröffentlichung ansehen. Jeder Bürger sollte die Möglichkeit haben, die Ereignisse in Rom über Jahrhunderte hinweg nachzuvollziehen. Unter dem Einfluß der hellenistischen Geschichtsschreibung war es nun möglich, ein vorläufiges Resümee der Geschichte Roms zu ziehen. Dies erweckt den Eindruck, als habe man die identitätsstiftenden Schriften herausgegeben, um damit einer Entwicklung entgegenzusteuern, die nicht mehr mit den Werten der Republik übereinstimmte.[62] Damit kommen wir zu einem letzten Punkt.

57 Ogilvie 1981.
58 Vgl. Gordon 1990, 184-191; Assmann 1992, 74 über ägyptische Listen.
59 Vgl. Assmann 1992, 34-48.
60 Drews 1988, 289-299.
61 Gladigow 1979, 74f.; vgl. ferner Wülker 1903, 50-70; Luterbacher 1904, 9-18.
62 Vgl. Habinek 1998, 34-68.

Der Entschluß, nicht mehr jedes Jahr eine Tafel mit der Notierung von Konsuln, weiteren Amtsträgern, Vorzeichen etc. auszuhängen, ist durch die prinzipielle Offenheit und damit zugleich auch stets vorhandene Labilität dieses Mediums zu erklären. Im Verlauf des 1. Jh.s v.Chr. verloren Prodigien ständig an Bedeutung. Dies wiederum läßt sich als Resultat der innenpolitischen Krise verstehen, in der Zeichen nicht mehr für das Gemeinwesen erschienen, sondern für die einzelnen Feldherren, die zunehmend die Macht an sich rissen.[63] Die Tafel war geradezu ein Barometer für das Funktionieren des republikanischen Systems, in dem der Senat stets darauf bedacht war, daß Einzelne nicht zu sehr aus dem Kollektiv herausragten. Normalität und Kontinuität in Politik und in religiösen Angelegenheiten, Charakteristika der mittleren Republik ebenso wie der Tafeln des Pontifex maximus, waren verloren. Der Senat gab die Kontrolle über das Medium Schrift aus der Hand. Angesichts der engen Verwobenheit von Politik und *religio* ist es nicht verwunderlich, wenn wenig später Autoren wie Cicero und Varro begannen, Texte über religiöse Themen zu produzieren, in denen zum Teil die Bestimmungen früherer Zeit hinterfragt wurden.[64]

Schluß

Auch wenn es in Rom nicht solche technischen Revolutionen wie die Erfindung des Buchdrucks gab, läßt sich bei den im Prodigienwesen eingesetzten Medien McLuhans These ansatzweise verifizieren: Die Medien transportierten Aussagen, die weit über die jeweils einzelne Botschaft hinausgingen. Bei der Betrachtung der Mittelspersonen zwischen Göttern und Menschen besetzten der Senat und seine Magistrate die entscheidende Schnittstelle, ein Indiz für die enge Verflechtung von Macht und Kommunikation im Prodigienwesen. Prodigien lassen sich als Speichermedien verstehen; unterschiedliche Prodigien drückten nicht unterschiedliche Botschaften aus, sondern wiesen auf eine Störung des Verhältnisses zu den Göttern hin – der Staat, vertreten durch den Senat, hatte in Aktion zu treten. Waren die Prodigien Ausdruck der Verletzung und Überschreitung einer Grenze, so wurden die Grenzen durch die Riten wiederhergestellt. Auch ein Ritus kann als Medium fungieren, wobei die einzelnen Riten, alle durch Sichtbarkeit und Öffentlichkeit geprägt, austauschbar waren. Wichtig war, daß die *res publica* in Aktion trat. Ebenso wie die Anerkennung der Zeichen und die Auswahl der Riten unterlagen die schriftlichen Medien – die geheimen Priesterbücher und die öffentlich ausgestellte Tafel des Pontifex maximus – der Kontrolle durch den Senat; zugleich übten diese Medien eine nachhaltige Wirkung auf die Literaturproduktion in Rom aus.

---

63 Rosenberger 1998, 197-240.
64 Beard 1991, 55.

Insgesamt erweist sich das Prodigienwesen bei aller Vergleichbarkeit mit anderen Divinationsformen als ein nur in der römischen Republik eingeschlagener Sonderweg im Umgang mit Vorzeichen. Als in der ausgehenden Republik der Senat allmählich seine Machtfülle einbüßte, machten alle vier untersuchten Medien einen signifikanten Wandel durch: Seher traten wieder als Mittelspersonen zu den Göttern auf, die unklaren Prodigien wurden durch günstige und eindeutige Omina für die mächtigen Einzelpersonen wie Caesar ersetzt, Entsühnungsriten waren kaum mehr nötig, die ehemals geheimen Schriften wurden beliebig erweitert und kein Pontifex maximus machte sich mehr die Mühe, eine mit Gips geweißte Tafel auszuhängen. Neue Medien verkündeten neue Botschaften.[65]

---

65 Vgl. Zanker 1987/³1997; Alföldy 1991.

Träume in der römischen Kaiserzeit
Normalität, Exzeptionalität und Signifikanz

Gregor Weber

Einführung

Sueton trifft in der Augustus-Vita eine grundsätzliche Feststellung über seinen Protagonisten: "Träumen maß er eine große Bedeutung bei, und zwar sowohl seinen eigenen als auch denen anderer, wenn er in ihnen vorkam."[1] Als ersten Beleg dafür führt der antike Biograph einen Traum des Arztes Artorius an. Darin erteilt Minerva diesem den Auftrag, Octavian trotz Krankheit zur Teilnahme an der Schlacht bei Philippi zu bewegen und nicht im Lager zurückzulassen: Die Befolgung dieser Traumanweisung erbrachte angesichts eines Vorstoßes von Brutus die Rettung. Antiken Autoren zufolge entstammte der Traum Augustus' Autobiographie,[2] anders als das zweite Beispiel, das den Iuppiter-Tonans-Tempel auf dem Kapitol betrifft, den Augustus im Jahre 22 v.Chr. dediziert hatte. Der Princeps träumte diesmal selbst, der zutiefst beleidigte Iuppiter Capitolinus beklage sich bei ihm, daß ihm durch das neue Heiligtum viele Verehrer entzogen würden; Augustus habe darauf entgegnet, der 'Donnerer' sei ihm doch nur als Türhüter beigegeben. Der Traum stellt wohl ein Aition für das sonst unerklärbare Anbringen von Glocken am Tonans-Tempel dar und betont Augustus' Verbundenheit mit der neuen Gottheit.[3] Bei Sueton findet sich schließlich eine weitere zusammenfassende Bemerkung: "Während des ganzen Frühjahrs hatte Augustus sehr viele überaus angsteinflößende, aber inhalts- und folgenlose Träume, in den übrigen Jahreszeiten träumte er seltener und weniger Unsinniges."[4]

---

1 Sueton, Augustus 91, 1: *somnia neque sua neque aliena de se neglegebat.* Ausführlich behandelt habe ich die Träume des Augustus und anderer Kaiser in Weber 2000a; für eine systematische Übersicht vgl. Weber 2000b.

2 Auf die Autobiographie verweisen Plutarch, Antonius 22, 2, Brutus 41, 7 und Appian, Bellum civile 4, 110, 463; der Traum ist außerdem überliefert bei Velleius Paterculus 2, 70, 1, Sueton, Augustus 91, 1, Tertullian, De anima 46, 8, Cassius Dio 47, 41, 3f. und 47, 46, 2, Florus, Epitome 2, 17 und Lactanz, Divinae Institutiones 2, 7, 22. Vgl. Plew 1890, 111ff.; Blumenthal 1913/1914; Lewis 1993, 669ff. Zur Quellentradition vgl. Gascou 1984, 177ff.

3 Sueton, Augustus 91, 2 und Cassius Dio 54, 4, 2-4; dazu Brogniez 1942, 107ff.; Carter 1982, 200; Landucci Gattinoni 1989.

4 Sueton Augustus 91, 2: *ipse per omne ver plurima et formidulosissima et vana et irrita videbat, reliquo tempore rariora et minus vana.* Dazu vgl. Loretto 1956, 69; Gugel 1977, 38f.; Wallace-Hadrill 1983, 191.

Suetons Ausführungen sind in dreifacher Hinsicht aufschlußreich:

— Sie erwecken mit Blick auf weitere Kaiserträume in anderen Viten den Eindruck, daß für Sueton ein träumender Kaiser nichts Außergewöhnliches war, wenngleich er Augustus eine besondere Sensibilität attestiert und hier durch den Gründer der Dynastie gleichsam Maßstäbe gesetzt werden.
— Sie verweisen auf emotionale Reaktionen im Gefolge von Träumen, hier die Angst des Princeps, andernorts auch Freude und Bestätigung, wovon die Signifikanz der Träume jedoch nicht tangiert ist.
— Sie zeigen, daß man Träume und ihre Häufigkeit mit bestimmten Jahreszeiten in Verbindung brachte und langfristige Beobachtungen zu Trauminhalten und deren Erfüllung traf.[5] Dies gilt auch für Nero, der angeblich erst *nach* der Ermordung seiner Mutter zu träumen begonnen hatte.[6]

Aus diesen Beobachtungen ergeben sich weiterführende Fragen: Wer waren überhaupt die Träumenden der Kaiserzeit? Wie wurde auf Träume reagiert, die eigenen und die von anderen:[7] Wurden sie als Wirklichkeit begriffen? Wer nahm bei Bedarf ihre Deutung vor? Was war mit ihrer Verbreitung intendiert? Lassen sich bei den Träumen wiederkehrende Motive, Situationen und Funktionen feststellen? Welcher Bezug bestand zur Religion?

Dieses Fragenspektrum möchte ich in vier Schritten erschließen: Im ersten Abschnitt geht es um eine allgemeine Beschreibung des Phänomens 'Traum' unter Berücksichtigung der im einleitenden Beitrag genannten Aspekte des Kommunikationsmodells.[8] Darauf folgt die Erschließung des Materials anhand einiger Träume, die in unterschiedlicher Form auf den Kaiser bezogen sind, und zwar unter der Perspektive der Akteure und ihrer Intentionen sowie einer analytischen modernen Betrachtung. Im dritten Abschnitt wird nach den

5 Zum Bezug zwischen Jahreszeit und bestimmten Träumen, der sich auch bei Tertullian, De anima 48 findet, vgl. Hanson 1980, 1406; Guidorizzi 1988, XII.

6 "Nur Nero habe wenig in der letzten Lebenszeit nach seinen Angstanfällen geträumt" (*nisi vix Neronem in ultimo exitu post pavores suos*), so Tertullian, De anima 44, 2 (auch 49, 2), der Dämonen dafür verantwortlich macht. Er bezieht sich namentlich auf Sueton, Nero 46, 1: "Er, der früher nie zu träumen pflegte, sah erst nach der Ermordung seiner Mutter im Schlaf ..." (*numquam antea somniare solitus occisa demum matre vidit per quietem* ...). Dazu Loretto 1956, 119f.; Amat 1985, 30, Anm. 31; Potter 1994, 173. Antiken Erklärungen, etwa dem älteren Plinius, zufolge scheint dies kein Einzelfall gewesen zu sein, und man nahm das Träumen gegen die Gewohnheit als Anzeichen des bevorstehenden Todes, als *mortiferum signum* (Plinius, Naturalis Historia 10, 211; außerdem Aristoteles, Historia Animalium 7, 10, 587b15ff. und De Insomniis 462a32ff.); dazu Büchsenschütz 1868, 81f.; Krauss 1930, 151, Anm. 62; Önnerfors 1976, 360f.; van der Eijk 1994, 248-250.

7 Diese Frage stellt sich z.B. auch für das eingangs zitierte Beispiel des Augustus (Sueton, Augustus 91, 1): Handelte es sich bei ihm um bloße Neugier oder stand dahinter das Bestreben, möglichst genau über andere Offenbarungen, die in Umlauf gelangen und gefährlich werden konnten, Bescheid zu wissen?

8 Vgl. Rüpke in diesem Band.

Funktionen der Träume, ihrer Verfügbarkeit und Kontrolle sowie nach der Rolle von Deutungsspezialisten gefragt, vor allem sind politische Implikationen der Träume, etwa im Zusammenhang mit Krisensituationen, zu beleuchten. Schließlich soll der Blick noch auf den historischen Längsschnitt, d.h. die hellenistischen Könige als Vorläufer und die spätantiken Kaiser als Nachfolger, gelenkt werden.

1 Träume in der römischen Kaiserzeit

Bereits in den homerischen Epen wird deutlich, daß man von einem doppelten Ursprung der Träume ausging;[9] diese Unterscheidung wurde in der Folgezeit, etwa in Medizin und Philosophie oder im Christentum, immer neu theoretisch reflektiert und ausdifferenziert, blieb aber weitgehend konstant: Träume kamen entweder von *außen*, etwa von den Göttern, Dämonen bzw. Engeln, oder von *innen*, aus dem Körper oder aus der Seele des Menschen. Dabei gab es durchaus Möglichkeiten, etwa mittels Inkubation oder Magie, Träume künstlich zu induzieren,[10] doch wurde der Traum in aller Regel dem Träumenden einfach zuteil.

Das Traumgeschehen selbst war individuell, ohne Zeugen,[11] also nichtöffentlich: Der Träumende war auf dieser Ebene nicht Adressant des Traumes, sondern Hauptempfänger einer Botschaft, die aus Worten, Bildfolgen oder Symbolen bestehen konnte. Letzteren waren innerhalb der antiken Vorstellungswelt keine Grenzen gesetzt, sie waren aber oft mehrdeutig und mußten dann von der Traumwelt in die Wachwelt 'übersetzt' werden. Dies geschah durch professionelle Traumdeuter,[12] man konnte aber auch selbst auf Handbücher zurückgreifen, von denen sich allein das von Artemidor aus dem 2. Jh. n.Chr. erhalten hat. Wie schon in der Antike vermerkt, waren konkurrierende Interpretationen möglich,[13] ja üblich: Es gab nämlich keine übergeordnete, letztverbindliche Deutungsinstanz, sondern unterschiedliche Interpre-

9 Vgl. den knappen Abriß von Latacz 1984 und Manuwald 1994.

10 Zur Inkubation vgl. Deubner 1900; Herzog 1931; LiDonnici 1995; Graf 1998. Zu den Zauberpapyri Brashear 1995, 3389ff.; Weber 2000a, 63f.

11 Gleichwohl weiß Artemidor zu berichten, daß mehrere Personen zur gleichen Zeit denselben Traum haben konnten (Artemidor 1, 2, 10, 21-27, außerdem Plutarch, Lucullus 10 und Victor v. Vita 2, 7-22, dazu Dutton 1994, 30). Zu Artemidor vgl. Martin 1991, dort auch zu den geistesgeschichtlichen Voraussetzungen der Übertragung von Traumsymbolen in die Wachwelt; außerdem Bowersock 1994, 77-98 ("The Reality of Dreams"); Weber 1999b; Walde 1999. Daß sich aufgrund dieser Korrelation die gegebenen Traumdeutungen auch sozialgeschichtlich auswerten lassen, zeigt Hahn 1992.

12 Belege für das 4. Jh. v.Chr. sind Plutarch, Aristeides 27 und Isokrates 19, 5-7, für die hellenistische Zeit vgl. Weber 1998, 34. Zu den antiken Traumdeutern bereitet B. Näf (Zürich) eine eigene Studie vor.

13 Vgl. etwa Cicero, De divinatione 2, 144, dazu del Corno 1962, 348ff.

tationsmethoden standen nebeneinander.[14] Hierbei ist die jeweilige Autorität der Traumdeuter insgesamt nicht zu unterschätzen, auch wenn sie nicht der gesellschaftlichen Elite angehörten.[15]

Träumen konnte prinzipiell jeder, vom Sklaven bis zum Kaiser. Ebenso konnte *jeder* von seinen Träumen berichten, indem er sie Freunden mitteilte, inschriftlich verzeichnete oder Teil einer Autobiographie werden ließ: Damit wurde er freilich *selbst* zum Adressanten, und zwar an verschiedene sekundäre Empfänger. Unsere Kenntnis davon erstreckt sich vor allem auf zwei Bereiche: Einmal liegen zahlreiche Inschriften vor, die lapidar auf eine Dedikation nach Traumauftrag verweisen.[16] Dann finden sich vornehmlich bei Historikern und Biographen Träume, die einem klaren Selektionsprinzip unterworfen waren: Aufgenommen wurde nur, was relevant erschien, etwa im Hinblick auf die *Res publica* oder den Princeps selbst. Dem entspricht der bereits bei Homer formulierte Grundsatz, daß die Glaubwürdigkeit des Traumes untrennbar mit dem Sozialstatus des Träumenden verknüpft war.[17] Bei der Durchsicht des Materials, gerade wenn man noch Briefcorpora, etwa von Plinius, heranzieht, entsteht trotz mancher durchaus radikaler philosophischer Kritik an der Signifikanz der Träume[18] *nicht* der Eindruck, daß Träume ein diskreditiertes Unterschicht-Phänomen waren. Man gab sich mit der Berufung auf Träume nicht der Lächerlichkeit preis, vielmehr beschäftigte sich gerade die Elite der Kaiserzeit intensiv mit ihnen; dies belegt etwa der bekannte Pliniusbrief, aus dem Suetons persönliche Einstellung Träumen gegenüber und sein Interesse an dieser Thematik ersichtlich wird.[19] Man wunderte sich also kaum, wenn durch Träume in das individuelle Leben eingegriffen wurde: Die Traumwelt war Teil der Wirklichkeit; sie bestätigte immer wieder die Relevanz von fiktionalen Interessen.

Was von einem Traum – sekundär – an andere vermittelt wurde, hing von den Intentionen des Träumenden ab. Hervorzuheben ist, daß sich die Fak-

---

14 Ein kurzer Blick in Artemidors Handbuch lehrt bereits, daß z.B. Analogien nach ganz unterschiedlichen Vergleichspunkten hergestellt werden konnten, und nicht zuletzt war alles nach dem 'Prinzip des Gegenteils' auflösbar. Wie die Bewertung einzelner Symbole, etwa von Tieren, zustandekam, ist im einzelnen sicher sehr unterschiedlich, man wird allerdings davon auszugehen haben, daß die Deuter darauf achteten, den 'Kunden' zumindest nachvollziehbare Auslegungen mitzuteilen (dazu vgl. Weber 1999b). Ein Beispiel für den kulturbedingten Wandel in der Deutung eines einzigen Traumsymbols gibt Artemidor in 1, 64 für das Baden.

15 Zum Unterschied etwa bei den für den Staat relevanten Prodigien vgl. Rosenberger in diesem Band.

16 Dazu vgl. Gramaglia 1989; Leuci 1993, 10ff. und 173ff.

17 Homer, Ilias 2, 80-82, rezipiert bei Artemidor 1, 2, 9, 22-10, 6, dazu Brillante 1991, 32ff. und 166f.

18 Zur philosophischen Kritik vgl. Brillante 1991, 78ff.; van der Eijk 1994, 55ff.

19 Plinius, Epistula 1, 18. Hierzu liegt eine Reihe von Studien vor: Della Corte 1967, 55f.; Bütler 1970, 19f.; Gugel 1977, 24f.; Liebeschuetz 1979, 192ff.; Sherwin-White 1985, 126-129; Leuci 1993, 179f.; Lorsch 1993, 18.

tizität eines Traumes, also ob er *wirklich* stattgefunden hat und was *tatsächlich* in ihm übermittelt wurde, nicht von den antiken Zeitgenossen überprüfen ließ, und auch der modernen Forschung steht hierfür *kein* Instrumentarium zur Verfügung; diese fehlende Überprüfbarkeit verweist nachdrücklich auf die wohl häufig genutzte Möglichkeit, Träume zu konstruieren.

Aufgrund ihrer potentiellen Signifikanz und Relevanz für die Zukunft waren Träume geradezu dafür prädestiniert, im kommunikativen Geschehen weiterverbreitet zu werden.[20] Dies hängt auch mit den verschiedenen Traumarten zusammen, die man mit Artemidor folgendermaßen typisieren kann:[21] Symbolisch verschlüsselte ὄνειροι waren deutungsbedürftig, anders als χρηματισμοί, die direkte Mitteilungen darstellten, oder als ὁράματα, die das zukünftige Geschehen direkt abbildeten. Nur diesen drei Arten wurde ein Zukunftsbezug attestiert, weshalb man sie für signifikant hielt.[22] Die Kommunikation darüber lag auf der Hand, sei es, weil die Deutung unklar war und die Unsicherheit einen emotionalen Druck entstehen ließ, sei es, weil man sich durch die Traumbotschaft von anderen abheben bzw. Macht ausüben konnte. Ἐνύπνια, also Tagesreste aus dem Innern des Träumenden, und φαντάσματα, Illusionen oder Trugbilder, sorgten dagegen für Verwirrung, zumal der Träumende *vor* der Traumerfüllung längst nicht immer eindeutig darüber befinden konnte, welche Traumart vorlag; denn verläßliche Kriterien ließen sich hierfür nur bedingt aufstellen. Da es sich potentiell immer um die Botschaft einer Gottheit handeln konnte, sind die Träume innerhalb des Spektrums religiöser Kommunikation anzusiedeln, wenngleich sie *nicht* an bestimmte Orte, spezifische Kulte oder Riten gebunden waren. Diese fünf Arten, denen man noch die hier nicht weiter behandelte Vision im Wachzustand hinzufügen kann, stellen nur Idealtypen dar, und so nimmt es auch nicht wunder, daß innerhalb der antiken Autoren alles andere als eine einheitliche Terminologie vorherrschte. Waren der Traumsymbolik im Rahmen der antiken Vorstellungswelt keine Grenzen gesetzt, so hat sich immerhin eine Traumszenerie mit fünf Elementen (Rahmenhandlung, Traum, Reaktion, Interpretation und Antwort auf die Botschaft) herausgebildet, die durch weitere Ausarbeitungen bereichert werden konnte.[23]

---

20 Nach Theophrast (Charakteres 3, 2) gehörte das Erzählen eigener Träume zu den Standardthemen der Geschwätzigkeit (ἀδολεσχία): εἶτα ὃ τῆς νυκτὸς εἶδεν ἐνύπνιον, τοῦτο διηγήσασθαι.

21 Es waren auch andere Klassifikationen möglich bzw. üblich, vgl. Kessels 1969.

22 Aus der Vielzahl der Stellungnahmen zum Verhältnis antiker zu moderner Traumdeutung sei verwiesen auf Steiner 1983 und auf Price 1986.

23 Vgl. Hanson 1980, 1400-1413, außerdem Kessels 1978, 134ff.

2 Materialerschließung

Besondere Aufmerksamkeit wurde von den Zeitgenossen den Träumen der Kaiser und solchen, die jene betrafen, zuteil, und um sie soll es im folgenden gehen: In der Zeit zwischen Caesar und Konstantin wurden fast jedem Kaiser Träume zugeschrieben; durch den Zufall der Überlieferung haben sich aus einer zweifellos viel reichhaltigeren Tradition ungefähr 120 erhalten.[24] Dies entsprach dem Interesse an der Person des Princeps, doch sind auch Spezifika des Mediums 'Traum' ausschlaggebend, die sich am besten durch eine Strukturierung des Materials nach Motiven erfassen lassen.

Sechs Rubriken sind zu unterscheiden, für die meist Vorläufer von der archaischen bis zur hellenistischen und spätrepublikanischen Zeit vorliegen:

- Im Traum wurde die künftige Bedeutung des Protagonisten den Eltern oder anderen Personen bereits vor seiner Geburt oder während seiner Kindheit angekündigt.
- Im Traum erging eine Voraussage der baldigen Übernahme der Herrschaft.
- Im Traum vor einer Schlacht wurde dem Kaiser der Sieg bedeutet.
- Im Traum spiegelte sich die konkrete Ausübung der Herrschaft wider.
- Im Traum wurde die besondere Befähigung und göttliche Begünstigung des Kaisers herausgestellt.
- Im Traum erfuhr das nahende Ende des Kaisers eine eindrucksvolle Ankündigung.

Die Sichtweise der Akteure, ihre Intentionen sowie die historische Analyse seien an drei Beispielen aus dem 1. Jh. n.Chr. verdeutlicht, die man ohne weiteres auch gegen solche aus den beiden folgenden Jahrhunderten austauschen könnte.

Cassius Dio zufolge wurde Vespasians Herrschaft lange zuvor durch Vorzeichen und Träume angekündigt;[25] dabei heißt es: "Ein Traum aber offenbarte Vespasian, wenn Caesar Nero einen Zahn verliere, werde er selber Kaiser sein. Diese Prophezeiung mit dem Zahn wurde schon am nächsten Tag Wirklichkeit." Dio, der sich in seiner Schrift für Septimius Severus intensiv mit Träumen befaßt hatte und in seinem Geschichtswerk auch mehrfach eigene

24 Das Material ist vollständig aufgearbeitet bei Weber 2000a; eine knappe Zusammenstellung bei Demandt 1997, 240-243, erweitert in Demandt 1998.

25 Cassius Dio 64(65), 9, 1: ἐγεγόνει μὲν οὖν καὶ σημεῖα καὶ ὄνειροι τῷ Οὐεσπασιανῷ τὴν μοναρχίαν ἐκ πολλοῦ δηλοῦντα.

berichtet,[26] fügt ausdrücklich hinzu, daß dieser Traum eine Deutung verlangte, anders als die Prophezeiung von Josephus.[27] Sueton hat noch einige zum Verständnis hilfreiche Details bewahrt:[28] Zum einen die Verortung dieses Traumes in Griechenland, wo sich Nero – und in seinem Gefolge auch Vespasian – seit dem Sommer 66 aufhielt; zum anderen die Erwähnung eines Arztes, der den gezogenen Zahn quasi als materiellen Beleg vorzeigte.

Man kann nichts darüber aussagen, ob der Traum *tatsächlich* auch so geträumt wurde; auch wenn er vielleicht erst in der Anfangsphase von Vespasians Herrschaft in Umlauf gesetzt wurde, war er zweifellos wirkungsvoll, was sich mit Blick auf die Zeitgenossen einigermaßen erschließen läßt: Das Motiv des Zahnverlustes konnte Gebildeten geläufig sein, da bereits für Hippias und Pyrrhos Zähne die Macht und ihr Ausfall deren Verlust symbolisierten.[29] Nach Artemidor, der den Zähnen ein ganzes Kapitel widmete, wurden zur Deutung derartiger Träume zwar bestimmte Informationen benötigt, etwa über den Typ und den Zustand des Zahnes,[30] doch dürfte hier – sowohl für Vespasian selbst als auch für die Rezipienten – die Botschaft kaum zweifelhaft gewesen sein: Auf Neros Zahnverlust folgt sein Machtverlust!

Für den modernen Betrachter sind zwei Aspekte relevant: Zum einen agiert in diesem Vespasian zugeschriebenen Traum, anders als bei Augustus oder Galba, kein Gott, und das Traumbild selbst ist aus dem Alltag genom-

---

26 Vgl. Cassius Dio 73(72), 23, 1f.: “Ich hatte eine kleine Schrift über Träume und Vorzeichen verfaßt und herausgegeben, die Severus auf die Erlangung der Kaiserwürde hoffen ließ. Als er das von mir übersandte Exemplar gelesen hatte, antwortete er mir in einem ausführlichen und anerkennenden Schreiben” (βιβλίον τι περὶ τῶν ὀνειράτων καὶ τῶν σημείων δι’ ὧν ὁ Σεβοῦηρος τὴν αὐτοκράτορα ἀρὴν ἤλπισε, γράψας ἐδημοσίευσα· καὶ αὐτῷ καὶ ἐκεῖνος πεμπφθέτι παρ’ ἐμοῦ ἐντυχὼν πολλά μοι καὶ καλὰ ἀντεπέστειλε). Dazu Millar 1964, 29, 129f. und 179f.; Rubin 1980, 24ff. und 42ff. Hose 1994, 434 mit Anm. 5, versteht dieses Büchlein durchaus als “seriöse Anstrengung”; Schmidt 1997, 2593 und 2613f.; Schmidt 1999, 98f.

27 Cassius Dio 65(66), 1, 3-4: καὶ παρ’ ὀνείρατος ἔμαθε ὅτι, ὅταν ὁ Καῖσαρ Νέρων ὀδόντα ἀποβάλῃ, αὐταρχήσει· καὶ τοῦτό τε τὸ κατὰ ὀδόντα τῇ ἐπιούσῃ ἡμέρᾳ συνηνέχθη. ... ἀλλὰ ταῦτα μὲν ἑμηνεύσεως ἔχρῃζεν. Dazu Brogniez 1942, 23-33; Loretto 1956, 71; Wellesley 1975, 118ff.; Lorsch 1993, 108ff.

28 Sueton, Vespasian 5, 5: “In Griechenland aber träumte er, das Glück für ihn und die Seinen werde beginnen, wenn Nero ein Zahn gezogen wäre. Und es fügte sich so, daß am folgenden Tag ein Arzt aus dem Atrium herauskam und ihm einen Zahn zeigte, den er soeben gezogen hatte” (*at in Achaia somniavit initium sibi suisque felicitatis futurum, simul ac dens Neroni exemptus esset; evenitque ut sequenti die progressus in atrium medicus dentem ei ostenderet tantumque quod exemptum*).

29 Herodot 6, 107, 1-2, dazu Loretto 1956, 63f., und Frisch 1968, 25-27; Dionysios v. Halikarnassos, Antiquitates Romanae 20, 12, dazu Garoufalias 1979, 118ff. und 417, Anm. 38; Weber 1999a, 15, Anm. 48.

30 Artemidor 1, 31 mit einem Nachtrag in 2, 67. Problematisch ist dabei nur, daß Vespasian träumte, Nero, nicht er selbst, werde einen Zahn verlieren.

men und wenig spektakulär.[31] Dies läßt sich auf den Habitus Vespasians beziehen, der sich *nicht* in die Obhut einer Schutzgottheit begab. Zum anderen besteht eine Diskrepanz zwischen der Erfüllung des Traumes und der tatsächlichen Sukzession von Nero auf Vespasian: Der Traum überbrückt die Wirren des Vierkaiserjahres und läßt Vespasians Sieg bereits zu Lebzeiten Neros als vorherbestimmt erscheinen. Dies gilt auch für einen weiteren Traum, angeblich von Nero selbst, den Prozessionswagen Iuppiters und damit die legitime Herrschaft in das Haus Vespasians gebracht zu haben.[32]

Daß man Träume bewußt konstruiert und eingesetzt hat, veranschaulicht eine Traumerzählung aus dem Jahre 42, mit der eine vorhersehbare Reaktion des Kaisers Claudius bewußt herbeigeführt wurde.[33] Bei Sueton heißt es:

> Als Messalina und Narcissus sich zusammengetan hatten, Appius Silanus zu verderben, verteilten sie die Rollen folgendermaßen: Narcissus stürzte vor Tagesanbruch, scheinbar völlig verstört, ins Schlafgemach seines Patrons und behauptete, er habe geträumt, Claudius sei von Appius Gewalt angetan worden, und Messalina berichtete dann, sich erstaunt stellend, auch ihr sei dieselbe Gestalt schon einige Nächte lang erschienen. Und nicht viel später wurde, wie verabredet, gemeldet, Appius, dem sie tags zuvor befohlen hatten, zu dieser Zeit zu kommen, stürze herein. Als wäre dies ein Beweis für die Richtigkeit des Traums, wurde sofort der Befehl gegeben, ihn festzunehmen und zu töten. Und Claudius zögerte nicht, am folgenden Tag den Hergang der Geschichte dem Senat zu berichten und seinem Freigelassenen dafür Dank zu sagen, daß er über sein, des Kaisers Wohl, sogar im Schlafe wache.[34]

Anlaß für die Intrige war Dio zufolge die Standhaftigkeit des Opfers gegenüber den ehebrecherischen Avancen seiner Stieftochter Messalina.[35] Die Träumenden konnten beanspruchen, künftiges Geschehen unmittelbar vor-

31 So auch Lorsch 1993, 117f. Dies muß freilich einer durch die Erfüllung nachhaltigen Wirkung nicht entgegenstehen. Der Traum läßt sich jedenfalls nicht für den Aufweis früher imperialer Ambitionen Vespasians in Anspruch nehmen, so auch Nicols 1978, 92f.

32 Sueton, Vespasian 5, 7, dazu Krauss 1930, 152ff.; Lorsch 1993, 119ff.

33 Ein ähnlich strukturierter Traum bereits bei Sueton, Claudius 37, 1, dazu Scramuzza 1940, 47f.; Dutton 1994, 31.

34 Sueton, Claudius 37, 2: *quem cum Messalina et Narcissus conspirassent perdere, divisis partibus alter ante lucem similis attonito patroni cubiculum inrupit, affirmans somniasse se vim ei ab Appio inlatam; altera in admirationem formata sibi quoque eandem speciem aliquot iam noctibus obversari rettulit; nec multo post ex composito inrumpere Appius nuntiatus, cui pridie ad id temporis ut adesset praeceptum erat, quasi plane repraesentaretur somnii fides, arcessi statim ac mori iussus est. nec dubitavit postero die Claudius ordinem rei gestae perferre ad senatum ac liberto gratias agere, quod pro salute sua etiam dormiens excubaret.*

35 Zum Hintergrund vgl. Levick 1990, 58f.; zu Messalina vgl. Wood 1992; Questa 1995. C. Appius Iunius Silanus war Mitglied der Arvalbruderschaft, wurde im Jahre 28 Konsul und ein Jahr vor seinem Tod von seinem Statthalterposten in Spanien durch Claudius nach Rom gerufen – er sollte Domitia Lepida, die Mutter der Messalina und somit Schwiegermutter des Kaisers, heiraten; vgl. Hohl 1918; Eck 1996.

ausgesehen zu haben, was eine Deutung redundant machte:[36] Claudius verstand die Traumszenerie als direkte Ansage der Zukunft. Glaubwürdigkeit haben die genannten Konstrukteure durch den Rückgriff auf bestimmte Gesetzmäßigkeiten im Umgang mit Träumen erzielt: Zum einen träumten Narcissus und Messalina angeblich *identisch*, so daß für Claudius als dem Zielpunkt des kommunikativen Geschehens die subjektive, individuelle Traumerfahrung eine Verobjektivierung erfuhr. Zum anderen gab Messalina vor, das Traumgesicht mehrfach gesehen zu haben, was traditionell für die Dringlichkeit der Traumbotschaft stand.[37] Schließlich hatte man Appius *exakt* zum richtigen Zeitpunkt kommen lassen und damit den entscheidenden Zusammenhang zwischen Traum und Erfüllung hergestellt.

Claudius, dessen sonstiges Engagement in juristischen Angelegenheiten bekannt ist, unternahm weder Nachforschungen noch durchschaute er die Konstruktion, sondern reagierte mit panischer Angst, da für ihn die Wachwelt durch die Vorgänge in der Traumwelt präfiguriert wurde.[38] Der Traum zeigt, daß alles, was sich als Vorausschau der Zukunft gab, als bedrohlich, weil potentiell signifikant, empfunden werden konnte. Der Traum steht außerdem für Claudius' Abhängigkeit von seinen Freigelassenen und Frauen, und indem er Sueton zufolge den Traum sogar dem Senat mitteilte und Narcissus lobte, übernahm er selbst die Verantwortung für die Hinrichtung ohne Verfahren. Es handelt sich hierbei um einen der wenigen Fälle, in dem von der Kommunikation *über* Träume im römischen Senat die Rede ist. Vielleicht war Claudius letztlich auch froh, mit Appius den Ehemann seiner Schwiegermutter und damit einen möglichen Gefahrenpol beseitigt zu sehen.[39] Bei Dio wird die Begebenheit indes so hoch veranschlagt, daß sie geradezu den Wendepunkt in der Einstellung der Römer zu Claudius darstellt, auf die unmittelbar der erste Umsturzversuch folgte.[40] Indem Claudius den Traum ernst nahm, stand er

---

36 Die Verwendung des Traumes war insofern gefahrlos, als er als individuelle Erfahrung nicht nachprüfbar war und man sich bei der Wiedererkennung durchaus auch täuschen konnte. Mit einem ὄνειρος wäre durch die Deutung nur ein Verdacht aufgebracht worden, was zwar auch den Zweck hätte erfüllen können, doch konnte so der angezielte Gegner 'unzweideutig' identifiziert werden und sich kaum wehren; ein χρηματισμός dagegen hätte die Involvierung einer weiteren Person oder einer Gottheit zur Folge gehabt, was u.U. beim Mißlingen der Aktion Schwierigkeiten mit sich gebracht hätte. Hier wird auch deutlich, daß die Grenze zwischen ἐνύπνιον und ὅραμα fließend war.

37 Vgl. Hanson 1980, 1410f.

38 Zur Angst des Claudius vgl. Kneppe 1994, 211ff., der betont, daß man hier nicht die Merkmale und die Klimax einer Tyrannenfurcht anwenden kann, da die Angst reiner Ausdruck von Schwäche des Kaisers sei; zu seinem Engagement in der Rechtsprechung vgl. Christ 1992, 224f.; Wolf 1994, 147f. u. 152ff.

39 Levick 1990, 59, vermutet sogar, daß Claudius selbst entweder die Begebenheit arrangierte oder dies stillschweigend Messalina und Narcissus gestattete.

40 Die Silanus-Angelegenheit war Seneca immerhin der Erwähnung in der *Apocolocyntosis* Wert, vgl. Baldwin 1964, 41f.

durchaus in der Tradition des Dynastiegründers Augustus, von der eingangs die Rede war.

Ein letztes Beispiel. Mit dem Tod des 'Tyrannen' Domitian ist eine umfangreiche antike Überlieferung verbunden;[41] Cassius Dio weiß zum Tod Domitians zwei als ungünstig qualifizierte Träume zu berichten:

> Unter anderem träumte Domitian selbst, Rusticus trete ihm mit einem Schwert entgegen, und ihm war, als habe Minerva, deren Statue er in seinem Schlafgemach aufgestellt hatte, ihre Waffen fortgeworfen und stürze sich auf einem mit Rappen bespannten Wagen in einen Abgrund."[42]

Die einzelnen Elemente ließen sich zweifelsohne problemlos deuten, zumal vergleichbare Träume von Nero und Galba bekannt waren: Im ersten Traum tritt mit dem Konsul des Jahres 92, Iunius Arulenus Rusticus, eine Person auf, die – ähnlich wie Octavia im Traum des Nero – von Domitian zu Tode gebracht worden war.[43] Der Kaiser wurde, so lautet die Traumbotschaft, von einem seiner zahlreichen Opfer gequält und bedroht. Dies wird man weniger als Ausdruck von Schuldgefühlen werten können,[44] was einen authentischen Traum voraussetzt, sondern eher daran denken, daß dem Kaiser 'gegönnt' werden sollte, von seinen Opfern postum gerächt zu werden. Wir haben freilich weder einen Hinweis auf den Konstrukteur dieses Traumes noch auf die Entstehungszeit – vielleicht auch erst nach Domitians Tod während der geistigen und gesellschaftlichen Verarbeitung dieser Tyrannis.

Im zweiten Traum agiert die Statue der Minerva, die für Domitians Schutzgöttin selbst steht, ohne Worte und Begründung. Das Wegwerfen der Waffen steht für die Aufkündigung des Schutzes, gleichbedeutend mit Domitians Tod; in Suetons Version geschieht dies auf die ausdrückliche Weisung Iuppiters. Der Abgrund, in den sich die Göttin, wohl aus Verzweiflung, stürzt, ist aus anderen Todesträumen, z.B. von Nero, bekannt, und die Un-

---

41 Es beginnt damit, daß Domitian bereits in seiner Jugend von den Chaldäern Stunde und Art des Todes vorausgesagt bekommen haben soll: Sueton, Domitian 14, 1, dazu Wagner 1888, 37; Gsell 1894, 325; Brogniez 1942, 51f.; Gugel 1977, 70f.; Galli 1991, 91; Lambrecht 1995, 515f. Besonders erregt haben soll ihn das Schicksal des Astrologen Askletarion (Sueton, Domitian 15, 3). Hopkins 1978, 234, stellt heraus – zumal Sueton sicher über gute Informationen verfügte –, daß die verschiedenen, zumindest teilweise historischen Voraussagen des Todes die Mörder ermuntert hatten.

42 Cassius Dio 67, 16, 1: ἄλλα τε αὐτῷ σημεῖα ἐγένετο οὐκ αἴσια, καὶ αὐτὸς ἐν τῷ ὕπνῳ τόν τε Ῥούστικον ξίφει προσιέναι οἱ, καὶ τὴν Ἀθηνᾶν, ἣν ἐν τῳ κοιτῶνι ἱδρυμένην εἶχε, τὰ ὅπλα ἀποβεβληκέναι καὶ ἐπὶ ἅρματος ἵππων μελάνων ἐς χάσμα ἐπίπτειν ἔδοξε.. Dazu Brogniez 1942, 51-58; Loretto 1956, 121-123; Gugel 1977, 71ff.

43 Generell Liebeschuetz 1979, 167f. Zu Rusticus vgl. Pöhlmann 1966, 85-88; Syme 1983, 124f.; die vorgebliche Begründung bei Sueton, Domitian 10, 3, Cassius Dio 67, 13, 2 und Tacitus, Agricola 2, 1; es legt sich die Vermutung nahe, daß die Säuberungsaktion anläßlich einer geplanten Verschwörung stattfand; s. dazu Lambrecht 1995, 522f.

44 So psychologisierend Brogniez 1942, 56.

glück verheißende Farbe der Pferde verstärkt die Düsterkeit des Bildes.[45] Beide Träume greifen Aspekte heraus, welche die Zeitgenossen offenbar als problematisch empfanden. Konstrukteure und Entstehungszeit der Träume bleiben unbekannt, letztere lag vielleicht erst nach Domitians Tod; doch die Intention ist evident: Indem man dem Kaiser Alpträume und Todesangst zuschrieb, wurde er in dieselbe Situation gestellt wie seine Opfer.

3 Die Funktion der Träume

Die behandelten Beispiele lassen sich unter dem Aspekt der Funktion von Träumen zwischen Individualität und Öffentlichkeit auswerten und in einem weiteren Rahmen systematisieren. Zu erinnern ist an zwei Grundvoraussetzungen: Einmal die potentielle Signifikanz der Träume, d.h. *jeder* konnte sich erfüllen, unabhängig von seiner Art; dies konnte sich unmittelbar oder zu einem späteren Zeitpunkt vollziehen, und solange war ein glaubwürdig konstruierter Traum kaum von der Hand zu weisen. Sodann stand das Medium Traum *jedem* zur Verfügung, und von dessen Intentionen hing die angezielte Öffentlichkeit ab.[46] In den vorliegenden Fällen kommen dafür die Elite am Hof und in den Provinzen, auch die *plebs urbana* oder einzelne Heeresgruppen in Frage, doch übermitteln die antiken Autoren hierzu kaum Hinweise.

— Zunächst konnte der Kaiser selbst Träume berichten oder zur Übermittlung ihm wichtig erscheinender Inhalte verbreiten lassen. Dies geschah in Gesprächen oder im Ausstreuen von Gerüchten, auch in Flugschriften und Autobiographien, nicht zuletzt, wie bei Septimius Severus, in bildlicher Umsetzung der Traumbotschaft.[47]

45 Für Nero siehe Sueton, Nero 46, 1. Brogniez 1942, 57, verweist auf byzantinische Traumbücher; auch bei Artemidor finden sich zahlreiche Stellen, in denen diese Farbe ungünstig qualifiziert wird (siehe Artemidor 3, 6, ähnlich bereits 1, 24, dazu Schwabl 1990-1993, 357). Weitere Belege bei Plew 1895, 375; Mouchová 1970, 123. Zur Verbindung der Farbe schwarz mit dem Tod vgl. Habermehl 1992, 148ff.

46 Nicht näher behandelt werden hier Einzelpersonen, die für sich selbst und für ihre soziale Gruppe etwas dokumentieren wollten, etwa eine inschriftliche Weihung auf Traumgeheiß; mit der Publikation auf Stein wird den Nachbarn, Mitbewohnern oder Kultgenossen kundgetan, daß die Dedikation nicht auf Initiative des Dedikanten erfolgte, sondern daß eine Gottheit die zentrale Rolle spielte und somit zwischen ihr und dem Träumenden eine besondere Beziehung hergestellt wurde; Priester konnten durch die Aufstellung und Pflege solcher Weihungen wiederum die Wirkmächtigkeit ihres Gottes unter Beweis stellen, vgl. dazu Weber 2000a, 60f. mit Anm. 35.

47 Vgl. Herodian (2, 9, 3f.) für Septimius Severus: "Die meisten dieser Vorzeichen freilich hat er selbst in seiner Autobiographie erzählt und in öffentlichen Bildern darstellen lassen" (τὰ μὲν οὖν πολλὰ ἱστόρησεν αὐτός τε συγγράψας ἐν τῷ καθ' αὑτὸν βίῳ καὶ δημσίαις ἀνέθηκεν εἰκόσι). Unter diesen müssen sich auch Träume befunden haben, denn Herodian führt ein markantes Beispiel an (2, 9, 6): "Auch befindet sich zu unserer Zeit noch an jener Stelle eine monumentale, in Erz gebildete Darstellung

- Personen aus dem Umfeld des Kaisers oder Fremde konnten durch Konstruktion und Verbreitung von Träumen Gunst beim Kaiser oder bei Prätendenten zu erwerben suchen; sie trugen damit zu dessen Prestige bei und stärkten gleichzeitig ihre eigene Position innerhalb des Patronagesystems. Diese Träume hatten den Kaiser zum Inhalt, etwa seine besondere Geburt oder göttliche Begünstigung, was sich etwa für die alexandrinischen Sarapispriester im Hinblick auf Vespasian vermuten läßt. Jenseits kaiserlicher Gunst kamen, so das Beispiel für Claudius, auch massive Eigeninteressen zum Tragen.
- Schließlich konnten Konkurrenten und Opponenten Träume mit einem für den Kaiser ungünstigen Inhalt, etwa Ankündigungen seines baldigen Todes, schriftlich oder mündlich verbreiten; in einer solchen, durch Träume und andere negative Vorzeichen bestimmten Atmosphäre ließ sich das Ableben des Kaisers durchaus beschleunigen.

Träume anderer, in denen der Kaiser vorkam, konnten demnach für ihn durchaus gefährlich werden. Ihre Verbreitung war angesichts des Interesses an seiner Person weder zu kontrollieren noch zu stoppen, wie auch Verbote anderer Divinationsformen und kaiserliche Monopolisierungsversuche fehlschlugen. Und es gab, wie erwähnt, für Träume keine Autorität, die bei konkurrierenden Deutungen definitiv entscheiden konnte. Die Gefahr betraf aber ebenso auch Träume des Kaisers selbst, wenn er sie selbst negativ auslegte, mit seiner Umgebung besprach oder Deutungsspezialisten heranzog. Die Traumdeuter am Hof bleiben im Gegensatz zu den Astrologen meist anonym, wie wir für Caesar auch nur von *coiectores* wissen, nicht aber deren Namen kennen[48] – immerhin umgaben sich die verschiedenen Großen der Republik bereits mit unterschiedlichstem Deutepersonal. Nur selten erfahren wir, daß der Kaiser *selbst* deutete – selbst bei Augustus bleibt dies offen –, zumal er in einem Dilemma stand: Deutete er selbst, konnte ein Mißlingen der vorgenommenen Interpretation zwar folgenreich sein, doch war im Gegenzug ein

---

dieses Traumes" (μένει δὲ καὶ ἐς ἡμᾶς ἐν ἐκείνῳ τῷ χωρίῳ ἡ τοῦ ὀνείρατος εἰκὼν μεγίστη, χαλκοῦ πεποιημένη). Dazu Loretto 1956, 74 und 76f.; Potter 1994, 121 und 164. Den Traum, um den es hier geht (ein kaiserliches Pferd warf Pertinax auf dem Forum ab und nahm statt seiner den Septimius Severus freiwillig auf seinen Rücken), kennt auch Cassius Dio (75[74], 3, 3), allerdings ohne den Hinweis auf die Visualisierung. Eine solche ist am ehesten durch eine Reiterstatue denkbar. Bestrebungen, einen konkreten Aufstellungsort auf dem Forum zu finden, war kein Erfolg beschieden, vgl. die problematischen Lokalisierungsversuche bei Hasebroek 1921, 43f., und bei Bloch 1943-44. Rubin 1980, 23f. mit Anm. 16; Roques 1990, 237, gehen immerhin von der Echtheit der Überlieferung aus; anders - unter Einbeziehung weiterer derartiger Angaben bei Herodian - Zimmermann 1999a, 309 mit Anm. 145 (weitere Literatur). Zur genannten Autobiographie des Septimius Severus vgl. Rubin 1980, 23f. und 133ff.; Birley 1988, 41f. und 203; Bollansée 1994, 286f.

48 Sueton, Divus Iulius 7, 2; in der parallelen Überlieferung bei Cassius Dio (37, 52, 2) werden sie μάντεις genannt.

günstiger Ausgang durchaus mit Prestige verbunden. Ließ er deuten, begab er sich in Abhängigkeit, die zu seinen Ungunsten ausgenützt werden konnte, ihm aber bei Versagen der Deutung 'Sündenböcke' bereitstellte. Die Notiz über Mithradates, er habe Deutungen eigener Träume und von seinen Frauen in seinem Geheimarchiv aufbewahrt,[49] verwundert deshalb nicht: Entweder waren die Deutungen ungünstig oder nicht eindeutig, sie waren jedenfalls für die Archivierung wichtig genug. Außerdem berichtet Cassius Dio zu einigen Träumen Caracallas, daß "wegen Verbreitung dieser Geheimnisse viele Personen hart mißhandelt wurden".[50] Es hing also auch hier ganz von der Person des Kaisers ab, wieviel er meinte preisgeben zu können – und in welcher Machtposition er sich befand!

Eine weitere Gefahr sah man schließlich darin, daß der Kaiser durch magische Praktiken geradezu Träume aufgezwungen bekam und dadurch von den Interessen des Senders geleitet werden konnte; die Notiz in einem Zauberpapyrus, der Magier Pachrates[51] habe Kaiser Hadrian Träume gesandt und sei dafür reich belohnt worden,[52] ist vielleicht nicht so abwegig, wie sie auf den ersten Blick erscheinen mag, doch wird der Verweis auf den Kaiser zweifellos auch das Prestige des Zauberbuchs gesteigert haben.[53]

---

49 Plutarch, Pompeius 37, 3. Vgl. noch Heftner 1995, 262-264, der sich mit einem Verweis auf Mithradates' "Hang zum Aberglauben" (264) begnügt. Für Alexander den Großen, der mit Aristandros von Telmessos (dazu jetzt Landucci Gattinoni 1993) einen ständigen Deuter bei sich hatte, läßt sich eine Sammlung immerhin vermuten, sei es als eigene Zusammenstellung, sei es als regelmäßige Einträge in die königlichen Ephemeriden – wenngleich dann hier zu klären wäre, nach welchem Selektionsprinzip das 'Hofjournal' publiziert wurde. Näheres bei Weber 1999a, 13, dort (22ff.) auch zur Geheimhaltung.

50 Cassius Dio 78(77), 15,5: ἐπὶ μὲν δὴ τούτοις δημοσιευθεῖσι πολλοὶ ἐπηρεάσθησαν.

51 Zur Person, die wohl mit dem bei Lucian, Philopseudes 34-36 erwähnten und karikierten ägyptischen Weisen Pankrates identisch ist, vgl. Weber 1907, 281, Anm. 1; Nock 1929, 183); Preisendanz 1942; MacMullen 1966, 101f.; Birley 1994, 195f. Hinzuweisen ist auf den auch in anderen Zauberpapyri festzustellenden Brauch, Zauberformeln auf historische Personen bzw. bedeutende Propheten zurückzuführen.

52 PGM IV 2446-49 (= Betz 1986, 83; 4. Jh. n.Chr.): "Vorgeführt hat es [sc. das Rauchopfer] Pachrates, der Prophet aus Heliopolis, dem Kaiser Hadrian, wobei er ihm die Wirkung seiner göttlichen Zauberkunst bewies. Denn er ... beschickte den Kaiser selbst mit Träumen, als er die ganze Wahrheit seiner Magie erwies. Und er bewunderte den Propheten und befahl, ihm doppeltes Honorar zu geben" (ἐπεδίξατο Παχράτης, ὁ προφήτης Ἡλιουπόλεως, Ἀδριανῷ βασιλεῖ ἐπιδεικνύμενος τὴν δύναμιν τῆς θείας αὐτοῦ μαγείας. ... ὀνειροπόποθμπησεν δὲ αὐτὸν βασιλέα ἐκδο<κ>ιμ<ά>ζοντος αὐτοῦ τὴν ὅλην ἀλήθειαν τῆς περὶ αὐτὸν μαγείας· καὶ θυαμάσας τὸν προφήτην διπλᾶ ὀψώνια αὐτῷ ἐκέλευσεν δίδοσθαι). Dazu Nock 1929, 183f.; Cracco Ruggini 1982, 9-91, hier 16 mit Anm. 58; Hopkins 1978, 239; Potter 1994, 17.

53 Hier schließe ich mich der Argumentation von Nock 1929, 183f. mit Anm. 46, an. Birley 1994, 196, bemerkt nur: "Whether he sought some specific goal by consulting the 'prophet' cannot, of course, be established." Möglich war eine Begegnung während Hadrians Ägyptenaufenthaltes, vgl. Sijpesteijn 1969; Halfmann 1986, 207;

Versucht man die Funktion all dieser Träume *in politicis* zu bestimmen, so gewinnt man mit Blick auf die Traummotive den Eindruck, daß der Großteil von ihnen mit besonderen Situationen verbunden ist. Suetons Hinweis auf die regelmäßige Beobachtung der Träume durch Augustus macht deutlich, daß Träume durchaus zum kaiserlichen Alltag gehörten und allein Überlieferungsumstände sowie Interessen der antiken Autoren zur uns heute vorliegenden Auswahl führten; am meisten Material hat sich mit je dreizehn Träumen für Augustus, Septimius Severus und Konstantin erhalten, während Nero mit zehn Träumen noch weit über dem Durchschnitt liegt.

Die wichtigste dieser besonderen Situationen war der Dynastiewechsel, weshalb für Galba, Vespasian oder Septimius Severus Voraussagen ihrer Herrschaft überliefert sind – nicht dagegen bei geregelter, unangefochtener Nachfolge. Zur Schaffung der notwedigen Akzeptanz konnte es auch bei umstrittener Sukzession hilfreich erscheinen, auf die Vorherbestimmung, das positive Votum des kaiserlichen Vorgängers oder das eigene Charisma zu verweisen. Voraussetzung dafür war ein Bewußtsein von Konstruktion politisch nützlicher Träume und deren Wirkung. Die Träume von der wundersamen Geburt des Kaisers fanden nach Augustus kaum eine Fortsetzung, vielleicht deshalb, weil eine vergleichbare Tradition auch für pagane und christliche θεῖοι ἄνδρες vorlag und somit keine Exklusivität für die Kaiser bestand.

Andere Träume bezogen sich auf die *virtutes* des Kaisers, bewerteten seine Machtausübung und spiegeln somit die enorme Kommunikation und öffentliche Auseinandersetzung wider. Hierunter fällt auch die am Beispiel von Messalina und Narcissus aufgezeigte Möglichkeit, Gegner oder Konkurrenten durch Träume zu diskreditieren.

Schließlich war mit den Träumen vom nahenden Ende eines Kaisers die Gelegenheit zu einer abschließenden Beurteilung seiner Person gegeben: Diese, vorwiegend negativ, wird meist postum stattgefunden haben, doch zeigt ein Beispiel aus der Zeit des Claudius, daß man auch mit einer Verbreitung zu Lebzeiten des Kaisers zu rechnen hat: Ein sonst unbekannter Ritter namens Petra sah Tacitus zufolge im Traum den Kaiser mit einem Kranz aus vergilbtem Weinlaub und deutete diesen als Ankündigung von Claudius' Tod am Ende des Herbstes; der Traum kam in Umlauf und führte zum Tod des Träumenden.[54]

Die Voraussage eines Sieges und das göttliche Eingreifen in der Schlacht, was in der Person Konstantins kulminierte, kamen dagegen erst in der Spätantike zum Tragen und stehen in Zusammenhang mit dem Ausschließlichkeitsanspruchs des neuen Gottes.[55]

Fein 1994, 61 mit Anm. 211. Ablehnend zur Begebenheit Bowman 1986, 189f., der von "its undoubted falsity" spricht.

54 Tacitus, Annales 11, 4, 1-2; dazu Rogers 1952, 302f.; Koestermann 1967, 33.

55 Die Literatur zu den Träumen und Visionen, die Konstantin zugeschrieben wurden, ist kaum mehr zu überblicken; eine problemorientierte Übersicht (auch mit weiterer

4 Hellenismus und Spätantike

Diese Feststellung leitet über zum historischen Längsschnitt: Was die Träume besonders exponierter und charismatischer Persönlichkeiten anbelangt, so ist deren Kontinuität von Homer bis zum Ende der Spätantike hervorzuheben: Dies gilt für Perikles und Alexander den Großen genauso wie für die Kaiser von Konstantin bis Maurikios, aber auch für Bischöfe und Sektenführer.[56] Diese Beständigkeit betrifft sowohl die Traummotive als auch ihre Funktionen, besonders aber die Verbindung von Träumen mit Herrschern, die einen Neubeginn markierten bzw. sich nicht in eine dynastische Reihe stellen konnten: So beriefen sich etwa die Protagonisten beim Kampf um das Alexanderreich in besonderem Maße auf Träume, in denen Alexander selbst als Traumfigur agierte; mit zunehmender Etablierung der hellenistischen Herrscherdynastien nimmt freilich das entsprechende Material ab. In die römische Politik fanden derartige Träume erst in der späten Republik, vor allem mit Sulla, Eingang, sieht man von der Überlieferung für Scipio Africanus, mythologischen Behandlungen sowie einigen wenigen, für die *Res publica* relevanten Träumen ab.[57]

Auch zur Spätantike hin entstand kein Bruch: Anstelle der paganen Götter agierten Heilige, Engel und der christliche Gott. Mit den Schriften des Alten und Neuen Testamentes konnte das Christentum durchaus auf eine eigene Traumtradition zurückgreifen, tat sich jedoch mit der Adaptation der paganen Traumsymbolik nicht schwer. Konstantin und Iulian als Träumende *und* Trauminhalte sind hierbei besonders hervorzuheben: In ihnen – als erstem christlichen und letztem paganen Kaiser – trafen sich nämlich diese beiden Traditionen. Unterschiedliche Schwerpunkte sind freilich für die Motive feststellbar: Die Hervorhebung von Geburt und Sieg des Herrschers geschah vornehmlich im Hellenismus und in der Spätantike, während die Charakterisierung des Herrschers bei der Ausübung seiner Herrschaft bzw. die Konzeptionalisierung des Todes primär die Prinzipatszeit betrafen.

Literatur) bei Bleckmann 1996, 58ff.

56 Für die Träume aus hellenistischer Zeit vgl. Weber 1999a; für das Material aus der Spätantike vgl. Weber 2000a und 2000b.

57 Zu letzteren vgl. Rosenberger 1998, 41f., sowie in diesem Band; außerdem die weiterführenden Registereinträge bei Weber 2000a, 568.

Schluß

Mit Hilfe der drei im Titel genannten Begriffe sollen die Spezifika der Träume mit Blick auf die religiöse Kommunikation zusammengefaßt werden:

— Normalität: Träume waren eine Alltagserfahrung, die jedem zuteil werden konnte und an der die Gesellschaft der römischen Kaiserzeit auf allen Ebenen großes Interesse zeigte. Sie provozierten bei Träumenden und Sekundäradressaten Reaktionen zwischen Angst und Bestätigung. Voraussetzung hierfür war das Bewußtsein, daß Träume als göttliche Botschaft etwas über die Zukunft aussagen konnten, unabhängig von Art, Inhalt und Ort, an dem geträumt wurde.

— Exzeptionalität: Träume konnten auch gleichzeitig bestimmte Situationen markieren oder außergewöhnliche Ereignisse ankündigen; auf der politischen Ebene vermochten dies etwa die Voraussage der Herrschaft für einen Prätendenten oder eines Dynastiewechsels, außerdem die Ankündigung von Geburt und Tod des Kaisers zu sein. Diesen Träumen wurde Aufmerksamkeit und Verbreitung zuteil, weil sie sich auf privilegierte Träumer bezogen, deren Träume nachhaltige Konsequenzen für viele andere nach sich ziehen konnten.

— Signifikanz: Träume *verläßlich* zu interpretieren, war schwierig, zumal es weder eine Deutungsinstanz mit Autorität noch eine Möglichkeit gab, *vor* der Erfüllung des Traumes herauszufinden, ob die Deutung auch tatsächlich zutreffen wird. Dies führte dazu, daß ein erheblicher Spielraum für die Konstruktion von Träumen entstand, um damit politische Ziele zu verfolgen, etwa die Kommunikation von Meinungen, die Schaffung von Akzeptanz und die Legitimierung der eigenen Ziele; Götter konnten dabei einbezogen sein, auch bei positivem Traumausgang, mußten es aber nicht: Angezielt waren hier allein die Menschen. Die einzige Bedingung bestand darin, daß Strukturen und Konventionen des Traums überzeugend aufbereitet wurden. Dies war – denkt man an die bei aller Vielfalt der Trauminhalte und -symbole vorherrschende Standardisierung – jedem möglich, ebenso, bei entsprechendem Inhalt, die Verbreitung: Den römischen Kaisern, ihren Helfern, Günstlingen und vor allem auch Gegnern war dies überaus bewußt, erwiesen sie sich gerade bei diesem ambivalenten und nicht kontrollierbaren Medium als wahre Meister.[58]

---

58 Für das umfangreiche Textcorpus von Mari (18. Jh. v.Chr.), das zahlreiche Prophetien meist in Form von Träumen enthält, ist bekannt, daß Träume, die sich auf den König bezogen oder beziehen konnten und Propheten als 'Medien' zuteil wurden (der König war kein privilegierter Träumer), vorsortiert und dann mündlich oder schriftlich zum König befördert wurden – ein anschauliches Beispiel für eine systemische Einbindung des Mediums; vgl. Durand 1997, 117ff. und 129ff.

Bibliographie

zusammengestellt vom Herausgeber

In den Beiträgen werden Verweise auf die Forschungsliteratur nur mit dem Autoren- oder Herausgebernamen, Erscheinungsjahr und Seitenzahl gegeben. Die vollständigen bibliographischen Angaben sind im folgenden in alphabetischer Folge zusammengestellt; bei mehr als einer Publikation sind die Einträge nach dem Erscheinungsjahr sortiert und ggf. mit einem Ordnungsbuchstaben versehen; Herausgeberschaften stehen am Ende des Eintrags..

Abkürzungen

ANRW = Aufstieg und Niedergang der Römischen Welt (Berlin und New York 1972ff.)
DT = Defixionum Tabellae, ed. Audollent 1904
DTA = Defixionum Tabellae [Atticae], ed. Wünsch 1897
PGM IV = Papyurs Paris, BN suppl. gr. 574 , ed. Preisendanz 1928-31, I 64-180
PGM VII = Papyrus London, BL gr. 121, ed. Preisendanz 1928-31, II 1-45
Tab. Sul. = Tabellae Sulis, ed. Tomlin 1988
SEG = Supplementum Epigraphicum Graecum (Leiden u.a. 1923ff.)

Forschungsliteratur

Abt, A.: Bleitafeln aus Münchner Sammlungen, in: Archiv für Religionswissenschaft 14, 1911, 143-158

Ackerman, R.: The Myth and Ritual School: J.G. Frazer and the Cambridge Ritualists. Theorists of Myth 2, New York 1991

Åkerblad, J. D.: Iscrizione greca sopra una lamina di piombo trovato in un sepolcro nelle vicinanze di Atene, Rom 1813 [non vidi]

Alföldy, G.: Augustus und die Inschriften: Tradition und Innovation, in: Gymnasium 98, 1991, 298-324

Alvar, J.: Matériaux pour l'étude de la formule sive deus, sive dea, in: Numen 32, 1985, 236-273

Amat, J.: Songes et visions: L'au-delà dans la littérature latine tardive, Paris 1985

Anderson, G.: Sage, Saint and Sophist: Holy men and their associates in the Early Roman Empire, London 1994

Ankarloo, B. / Clark, St. (Hgg.): Witchcraft and Magic in Europe: Ancient Greece and Rome, London 1999

Armstrong, M. u.a.: Ulrich von Wilamowitz-Moellendorff: Bibliography 1867-1990, Hildesheim 1991

Assmann, J.: Das kulturelle Gedächtnis: Schrift, Erinnerung und politische Identität in frühen Hochkulturen, München 1992

Assmann, J. / Gladigow, B. (Hgg.): Text und Kommentar. Archäologie der literarischen Kommunikation 4, München 1995

Aubriot, D.: Sur la valeur religieuse de quelques prières dans la tragédie grecque, in: Journal des Savants 1994, 3-18

Aubriot-Sévin, D.: Prière et conceptions religieuses en Grèce ancienne, Lyon 1992

Audollent, A.: Defixionum Tabellae, Paris 1904, Nachdr. Frankfurt/M. 1967 ("DT")

Aupert, P. / Jordan, D. R.: Magical inscriptions on talc tablets from Amathous, in: American Journal of Archaeology 85, 1981, 184

Ausbüttel, F. M.: Untersuchungen zu den Vereinen im Westen des Römischen Reiches. Frankfurter Althistorische Studien 11, Kallmünz 1982

Ausfeld, C.: De Graecorum precationibus quaestiones. Jahrbücher für Philolologie Supplement 28, Leipzig 1903

Baldwin, B.: Executions under Claudius: Seneca's *Ludus de morte Claudii*, in: Phoenix 18, 1964, 39-48

Barton, T.: Ancient Astrology, London 1994

Batsch, Ch. u.a. (Hgg.): Zwischen Krise und Alltag: Antike Religionen im Mittelmeerraum. Potsdamer altertumswissenschaftliche Beiträge 1, Stuttgart 1999

Beard, M.: Writing and Ritual: A Study of Diversity and Expansion in the Arval Acta, in: Papers of the British School at Rome 53, 1985, 114-162

Beard, M.: Writing and religion: Ancient Literacy and the function of the written word in Roman religion, in: Beard u.a. 1991, 35-58

Beard, M.: Re-Reading (Vestal) Virginity, in: Hawley / Levick 1995, 166-177

Beard, M.: Documenting Roman Religion, in: La mémoire perdue 1998, 75-101

Beard, M. / North, J. (Hgg.): Pagan Priests, London 1990

Beard, M. u.a. (Hgg.): Literacy in the Roman world. Journal of Roman Archaeology Suppl. 3, Ann Arbor 1991

Beck, H. u.a. (Hgg.): Germanische Religionsgeschichte, Quellen und Quellenprobleme. Ergänzungsbände zum Reallexikon der Germanischen Altertumskunde 5, Berlin 1992, 3-26

Berger, K.: Hellenistische Gattungen im Neuen Testament, in: ANRW II 25.2, 1984, 1031-1432

Bernstein, F.: Ludi publici: Untersuchungen zur Entstehung und Entwicklung der öffentlichen Spiele im republikanischen Rom, Stuttgart 1998

Besnier, M.: Récents travaux sur les *defixionum tabellae* latines 1904-1914, in: Revue de Philologie 44, 1920, 5-30

Betz, H. D. (Hg.): The Greek Magical Papyri in Translation, including the Demotic Spells, Chicago und London 1986

Bierl, A. / Calder III, W. M.: Instinct Against Proof: The Correspondence between Ulrich von Wilamowitz-Moellendorff and Martin P. Nilsson on Religionsgeschichte (1920-1930), in: Eranos 89, 1991, 73-99

Bietti Sestieri, A. M.: The Iron Age community of Osteria dell'Osa: A study of social-political development in central Tyrrhenian Italy, Cambridge 1992

Binder, G.: Kommunikative Elemente im römischen Staatskult am Ende der Republik: Das Beispiel der Lupercalia des Jahres 44, in: Binder / Ehlich 1997, 225-241

Binder, G. / Ehlich, K. (Hgg.): Stätten und Formen der Kommunikation im Altertum 6: Religiöse Kommunikation: Formen und Praxis vor der Neuzeit. Bochumer Altertumswissenschaftliches Colloquium 26, Trier 1997

Birley, A. R.: The African Emperor: Septimius Severus, London 1988

Birley, A. R.: Hadrian's Farewell to Life, in: Laverna 5, 1994, 176-205

Bleckmann, B.: Konstantin der Große. Rowohlts Monographien 556, Reinbek 1996

Bliss, F.J. / Macalister, R.A.S. (Hgg.): Excavations in Palestine during the years 1898-1900, London 1902

Bloch, H.: A Dream of Septimius Severus, in: Classical Weekly 37, 1943-44, 31-32

Bloch, R.: Les prodiges dans l'Antiquité classique: Grèce, Etrurie et Rome, Paris 1963

Bloch, R.: Interpretatio, in: Bloch 1976, 1-42

Bloch, R.: La divination dans l'Antiquité, Paris 1984

Bloch, R. (Hg.): Recherches sur les religions de l'Italie antique, Genf 1976
Blondeau, A.-M. / Schipper, K. (Hgg.): Essais sur le rituel 2. Bibliothèque de l'Ecole des Hautes Etudes, Sciences religieuses 95, Löwen 1990
Blumenthal, F.: Die Autobiographie des Augustus, in: Wiener Studien 35, 1913, 113-130 und 267-288 und 36, 1914, 84-103
Bodei Giglioni, G.: Pecunia fanatica: L'incidenza economica dei templi laziali, in: Coarelli 1978, 3-46 (zuerst in: Rivista storica italiana 89, 1977, 33-76)
Bolkestein, H.: Theophrastos' Charakter der Deisidaimonia als religionsgeschichtliche Urkunde. RGVV XXI 2, Gießen 1929
Bollansée, J.: P. Fay. 19, Hadrian's Memoirs, and Imperial Epistolary Autobiography, in: Ancient Society 25, 1994, 279-302
Bonner,C.A.: Studies in Magical Amulets, chiefly Graeco-Egyptian, Ann Arbor 1950
Bouma, J.: Religio votiva: The archaeology of latial votive religion: 5th - 3rd c. BC. 3 Bde. Groningen 1996
Bowersock, G. W.: Fiction as History: Nero to Julian, Berkeley 1994
Bowman, A. K.: Egypt after the Pharaos, London 1986
Brashear, W. M.: The Greek Magical Papyri: An Introduction and Survey; Annotated Bibliography (1928-1994), in: ANRW II 18.5, 1995, 3380-3684
Bremer, J. M.: Greek Hymns, in: Versnel 1981, 193-216
Bremmer, J. N. / Horsfall, N. H.: Roman Myth and Mythography. University of London Inst. of Classical Studies: Bulletin Suppl. 52, London 1987
Bremmer, J. N.: Three Roman aetiological myths, in: Graf 1993, 158-174
Bremmer, J. N.: Modi di communicazione con il divino: la preghiera, la divinazione e il sacrificio nella civiltà greca, in: Settis 1996, 239-283
Brillante, C.: Studi sulla rappresentazione del sogno nella Grecia antica, Palermo 1991
Brodersen, K.: Liebesleiden auf antiken Fluchtafeln. Deutscher Altphilologenverband, Landesverbände Schleswig-Holstein und Mecklenburg-Vorpommern, Mitteilungsblatt 2 (Beilage), 2000, 9-12
Brodersen, K.: Frauen und Männer auf griechischen Fluchtafeln, in: Ulf / Rollinger 2001 *im Druck*
Brodersen, K. / Günther, W. / Schmitt, H.H.: Historische griechische Inschriften in Übersetzung, 3 Bde. Darmstadt 1992-1998
Brogniez, Y.: Les songes des Césars dans Suétone, Thèse (masch.) Univ. Liège 1942
Brown, P.: The Cult of the Saints: Its Rise and Function in Latin Christianity. Haskell Lectures on History of Religions N. S. 2, Chicago 1981 [dt.: Die Heiligenverehrung, Leipzig 1991]
Brown, P. u.a. (Hgg.): Governanti e intellettuali, popolo di Roma e popolo di Dio (I-VI secolo), Turin 1982
Büchsenschütz, B.: Traum und Traumdeutung im Alterthume, Berlin 1868
Bütler, H.-P.: Die geistige Welt des jüngeren Plinius, Heidelberg 1970
Burckhardt, L. A.: Politische Strategien der Optimaten in der späten römischen Republik. Historia Einzelschriften 57, Stuttgart 1988
Burkert, W.: Glaube und Verhalten: Zeichengehalt und Wirkungsmacht von Opferritualen, in: Reverdin / Grange 1981, 91-133
Burkert, W.: Homo Necans: Interpretationen altgriechischer Opferriten und Mythen. RGVV 32, Berlin 1972
Burkert, W.: Griechische Religion der archaischen und klassischen Epoche, Stuttgart u.a. 1977
Burkert, W.: Structure and History in Greek Mythology and Ritual. Sather Classical Lectures 47, Berkeley 1979

Burkert, W.: Creation of the Sacred: Tracks of Biology in Early Religions, Cambridge Mass. 1996

Calder III, W. M. u.a. (Hgg.): Wilamowitz nach 50 Jahren, Darmstadt 1985, 263-305
Calder III, W. M. (Hg.): The Cambridge Ritualists Reconsidered: Proceedings of the First Oldfather Conference 1989, Atlanta 1991
Cameron, A.: Sappho's Prayer to Aphrodite, in: Harvard Theological Review 1939, 1-17
Cancik, H.: Libri fatales: Römische Offenbarungsliteratur und Geschichtstheorie, in: Hellhelm 1983, 549-576
Cancik, H.: M. Tullius Cicero als Kommentator: Zur Formgeschichte von Ciceros Schriften Über den Bescheid der haruspices (56 v.Chr.) und Über die Gesetze II (ca. 52 v.Chr.), in: Assmann / Gladigow 1995, 292-310
Cancik, H.: Kanon, Ritus, Ritual: Religionsgeschichtliche Anmerkungen zu einem literaturwissenschaftlichen Diskurs, in: Moog-Grünewald 1997, 1-19
Cancik, H.: Antik – modern: Beiträge zur römischen und deutschen Kulturgeschichte, Stuttgart 1998
Cancik, H. (Hg.): Geschichte – Tradition – Reflexion: Festschrift für Martin Hengel, Bd. 2: Griechische und Römische Religion, Tübingen 1996
Cancik, H. u.a. (Hgg.): Handbuch religionswissenschaftlicher Grundbegriffe, Bd. 5. Stuttgart 2001 *im Druck*
Carter, J. M.: Suetonius: Divus Augustus, Bristol 1982
Cartledge, P. A. / Harvey, F. D. (Hgg.): Crux: Essays Presented to G. E. M. de Ste. Croix on his 75th Birthday. History of Political Thought VI 1-2, Exeter 1985
Champeaux, J.: Fortuna: Recherches dur le culte de la fortune à Rome et dans le monde romain des origines à la mort de César 1: Fortuna dans la religion archïque. Collections de l'École française de Rome 64, Rom 1982a
Champeaux, J.: Religion romaine et religion latine: les cultes de Jupiter et Junon a Préneste, in: Revue des Études Latines 60, 1982b, 71-104
Champeaux, J.: Sors oraculi: Les oracles en Italie sous la république et l'empire, in: MEFRA 102, 1990, 271-302
Chevallier, R. (Hg.): Mélanges d'archéologie et d'histoire offerts à André Piganiol, Bd. 3, Paris 1966
Christ, K.: Geschichte der römischen Kaiserzeit von Augustus bis zu Konstantin, München ^{2}1992
Coarelli, F. (Hg.): Studi su Praeneste, Perugia 1978
Corbett, P. E.: Greek Temples and Greek Worshippers: The Literary and Archaeological Evidence, in: Bulletin of the Institute of Classical Studies 17, 1970, 149-158
Corno s. del Corno
Cox, P.: Biography in Late Antiquity: A Quest for the Holy Man. Transformation of the Classical Heritage 5, Berkeley 1983
Cracco Ruggini, L.: Imperatori romani e uomini divini (I-VI secolo d. C.), in: Brown 1982, 9-91
Cramer, F. H.: Astrology in Roman Law and Politics. Memoirs of the American Philosophical Society 37, Philadelphia 1954
Cunliffe, B. (Hg.): The Temple of Sulis Minerva at Bath, Bd. 2: Finds from the Sacred Spring, Oxford 1988

Davidson, J.: Binding and blinding [= Rez. Gager 1992], in: Times Literary Supplement 4687, 1993, 29

de Libero, L.: Obstruktion: Politische Praktiken im Senat und in der Volksversammlung der ausgehenden römischen Republik (70-49 v.Chr.). Hermes Einzelschriften 59, Stuttgart 1992
del Corno, D.: Ricerche sull'Onirocritica Graeca, in: RIL 96, 1962, 334-366
Della Corte, F.: Svetonio: Eques Romanus, Florenz ^{2}1967
Demandt, A.: Das Privatleben der römischen Kaiser, München ^{2}1997
Demandt, A.: Die Träume der römischen Kaiser, in: Holzhausen 1998, 200-224
Deubner, L.: De incubatione capita quattuor, Leipzig 1900
Donderer, M.: Merkwürdigkeiten im Umgang mit griechischer und lateinischer Schrift in der Antike, in: Gymnasium 102, 1995, 97-122
Douglas, M.: Purity and Danger: An Analysis of Concepts of Pollution and Taboo, London 1966
Drews, R.: Pontiffs, Prodigies, and the Disappearance of the Annales Maximi, in: Classical Philology 83, 1988, 289-299
Durand, J.-M. / Scheid, J.: 'Rites' et 'religion': Remarques sur certains préjugés des historiens de la religion des grecs et des romains, in: Archive de Sciences sociales des Religions 85, 1994, 23-43
Durand, J.-M.: Les prophéties des textes de Mari, in: Heintz 1997, 114-134
Dutton, P. E.: The Politics of Dreaming in the Carolingian Empire, Lincoln und London 1994

Eck, W.: Appius [II 4] Iunius Silanus, in: Der Neue Pauly I, 1996, 906
Eijk s. van der Eijk
Elsas, Ch. / Kippenberg, H. G. (Hgg.): Loyalitätskonflikte in der Religionsgeschichte: Festschrift für Carsten Colpe, Würzburg 1990
Engels, J.: Funerum sepulcrorumque magnificentia: Begräbnis- und Grabluxusgesetze in der griechisch-römischen Welt. Hermes Einzelschriften 78, Stuttgart 1998
Erler, M. u.a., Die Philosophie der Antike 4: Die hellenistische Philosophie, Basel 1994
Faraone, C. A.: The agonistic context of early Greek binding spells, in: Faraone / Obbink 1991, 3-32
Faraone, C.A. / Obbink, D. (Hgg.): Magika Hiera: Ancient Greek Magic and Religion, New York 1991
Fein, S.: Die Beziehung der Kaiser Trajan und Hadrian zu den *litterati*. BzA 26, Stuttgart und Leipzig 1994
Fenske, W.: 'Und wenn ihr betet ...' (Mt. 6, 5): Gebete in der zwischenmenschlichen Kommunikation der Antike als Ausdruck der Frömmigkeit. Studien zur Umwelt des Neuen Testaments 21, Göttingen 1997
Flaig, E.: Die Pompa Funebris: Adlige Konkurrenz und annalistische Erinnerung in der Römischen Republik, in: Oexle 1995, 115-148
Flower, H. I.: Ancestor Masks and Aristocratic Power in Roman Culture, Oxford 1996
Fögen, M.-Th.: Die Enteignung der Wahrsager: Studien zum kaiserlichen Wissensmonopol in der Spätantike, Frankfurt/M. 1993
Friedländer, L.: Darstellungen aus der Sittengeschichte Roms, Bd. 3, Leipzig ^{10}1923
Frier, B. W.: Libri Annales Pontificum Maximorum: The Origins of the Annalistic Tradition, Rom 1979
Frisch, P.: Die Träume bei Herodot. Beiträge zur Klassischen Philologie 27, Köln 1968
Frisk, H.: Griechisches etymologisches Wörterbuch, Heidelberg 1960

Gager, J. G. (Hg.): Curse Tablets and Binding Spells from the Ancient World, New York und Oxford 1992
Gaiser, K.: Platone come scrittore filosofico: Saggi sull'ermeneutica dei dialoghi platonici. Lezioni della scuola di studi superiori in Napoli 2, Neapel 1984

Galli, F.: Svetonio: Vita di Domiziano, Rom 1991
Ganoczy, A.: Einführung in die katholische Sakramentenlehre, Darmstadt 1979
Ganz, P. (Hg.): Das Buch als magisches und Repräsentationsobjekt, Wolfenbüttel 1993
Garland, R.: The Eye of the Beholder: Deformity and Disability in the Graeco-Roman World, London 1995
Garoufalias, P.: Pyrrhus: King of Epirus, London 1979
Gascou, J.: Suétone historien. BEFAR 255, Rom 1984
Gawlick, G. / Görler, W.: Cicero, in: Erler 1994, 991-1168
Gerson, L. P.: God and Greek Philosophy: Studies in the Early History of Natural Philosophy, London 1990
Giesecke, M.: Der Buchdruck in der frühen Neuzeit: Eine historische Fallstudie über die Durchsetzung neuer Informations- und Kommunikationstechnologien, Frankfurt/ M. 1991
Gigon, O.: Gebet, in: Lexikon der Alten Welt, Zürich und Stuttgart 1965, 1028
Gladigow, B.: Götternamen und Name Gottes: Allgemeine religionswissenschaftliche Aspekte, in: von Stietencron 1975, 13-32
Gladigow, B.: Unsterblichkeit und Moral: Riten der Regeneration als Modelle einer Heilsthematik, in: Gladigow 1976, 99-117
Gladigow, B.: Konkrete Angst und offene Furcht: Am Beispiel des Prodigienwesen in Rom, in: von Stietencron 1979, 61-77
Gladigow, B.: Chresthai theois: Orientierungs- und Loyalitätskonflikte in der griechischen Religion, in: Elsas / Kippenberg 1990, 237-251
Gladigow, B.: Mögliche Gegenstände und notwendige Quellen einer Religionsgeschichte, in: Beck u.a. 1992, 3-26
Gladigow, B.: Struktur der Öffentlichkeit und Bekenntnis in polytheistischen Religionen, in: Kippenberg / Stroumsa 1995, 17-35
Gladigow, B.: Erwerb religiöser Kompetenz: Kult und Öffentlichkeit in den klassischen Religionen, in: Binder / Ehlich 1997, 103-118
Gladigow, B. (Hg.): Religion und Moral, Düsseldorf 1976
Görgemanns, H.: Dialog, in: Der Neue Pauly III, 1997, 517-521
Gordon, R.: From Republic to Principate: Priesthood, Religion and Ideology, in: Beard / North 1990, 179-198
Graf, F. (Hg.): Mythos in mythenloser Gesellschaft: Das Paradigma Roms. Colloquium Rauricum 3, Stuttgart 1993
Graf, F.: Gottesnähe und Schadenzauber: Die Magie in der griechisch-römischen Antike. München 1996
Graf, F.: Inkubation, in: Der Neue Pauly V, 1998, 1006-1007
Gramaglia, P. A.: Sogni, visioni e locuzioni interiori nell'epigrafia africana, in: Augustinianum 29, 1989, 497-548
Groß, K.: Menschenhand und Gotteshand in Antike und Christentum, aus dem Nachlaß hg. v. W. Speyer, Stuttgart 1985
Gsell, S.: Essai sur le règne de l'empereur Domitien, Paris 1894, Nachdr. Rom 1967
Guarducci, M.: Epigrafia Greca, Bd. 4: Epigrafi sacre pagane e cristiane, Rom 1978
Günther, R.: Der politisch-ideologische Kampf in der römischen Religion in den letzten zwei Jahrhunderten v. u. Z., in: Klio 42, 1964, 202-297Gugel, H.: Studien zur biographischen Technik Suetons. Wiener Studien Beih. 7, Wien u.a. 1977
Guidorizzi, G.: Sogno e funzioni culturali, in: Guidorizzi 1988, vii-xxxviii
Guidorizzi, G. (Hg.): Il sogno in Grecia, Bari 1988
Guillaumont, F.: Cicéron et les techniques de l'haruspicine, in: La divination 1986, 121-135

Habermehl, P.: Perpetua und der Ägypter oder Bilder des Bösen im frühen afrikanischen Christentum: Ein Versuch zur Passio sanctarum Perpetuae et Felicitatis. Texte und Untersuchungen zur Geschichte der altchristlichen Literatur 140, Berlin 1992
Habicht, Ch.: Athen in hellenistischer Zeit, München 1994
Habinek, Th.: The Politics of Latin Literature: Writing, Identity, and Empire in Ancient Rome, Princeton 1998
Hägg, R. (Hg.): Ancient Greek Cult Practice from the Epigraphical Evidence, Skrifter utgivna av Svenska Instutitet i Athen, 8° XIII, Stockholm 1994
Hahn, I.: Traumdeutung und gesellschaftliche Wirklichkeit: Artemidorus Daldianus als sozialgeschichtliche Quelle. Xenia 27, Konstanz 1992 [zuerst ungarisch: Budapest 1984]
Hahn, J.: Der Philosoph und die Gesellschaft: Selbstverständnis, öffentliches Auftreten und populäre Erwartungen in der hohen Kaiserzeit. HABES 7, Stuttgart 1989
Halfmann, H.: Itinera principum: Geschichte und Typologie der Kaiserreisen im Römischen Reich. HABES 2, Stuttgart 1986
Hanson, J. S.: Dreams and Visions in the Graeco-Roman World and Early Christianity, in: ANRW II 23.2, 1980, 1395-1427
Harris, W. V.: Ancient Literacy, Cambridge Mass. 1989
Harris, W. V.: Rome in Etruria and Umbria, Oxford 1971
Harrison, J. E.: Prolegomena to the Study of Greek Religion, Cambridge 1903
Hasebroek, J.: Untersuchungen zur Geschichte des Kaisers Septimius Severus, Heidelberg 1921
Haury, A.: Une querelle de clocher: Augures contre Haruspices, in: Chevallier 1966, 1623-1633
Havelock, E. A.: Als die Muse schreiben lernte, Frankfurt/M. 1992
Hawley, R. / Levick, B. (Hgg.): Women in Antiquity: New Assessments, London und New York 1995
Heftner, H.: Plutarch und der Aufstieg des Pompeius: Ein historischer Kommentar zu Plutarchs Pompeiusvita, Teil I: Kap. 1-45, Frankfurt/M. u.a. 1995
Heintz J.-G. (Hg.): Oracles et prophéties dans l'antiquité, Paris 1997
Hellholm, D. (Hg.). Apocalyptism in the Mediterranean World, Tübingen 1983
Hempelmann, R.: Sakrament als Ort der Vermittlung des Heils: Sakramententheologie im evangelisch-katholischen Dialog. Kirche und Konfession 32, Göttingen 1992
Henrichs, A.: Der Glaube der Hellenen: Religionsgeschichte als Glaubensbekenntnis und Kulturkritik, in: Calder u.a. 1985, 263-305
Herzog, R.: Die Wunderheilungen von Epidauros. Ein Beitrag zur Geschichte der Medizin und der Religion. Philologus Suppl. XXII 3, Leipzig 1931
Hesberg s. von Hesberg
Heurgon, J.: Tarquitius Priscus et l'organisation de l'ordre des haruspices sous l'empereur Claude, in: Latomus 12, 1953, 402-417
Hewitt, J. W.: The Major Restrictions of Access to Greek Temples, in: Transactions and Proceedings of the American Philological Association 40, 1909, 83-92
Hiestand, R. (Hg.): Traum und Träumen: Inhalt, Darstellung, Funktionen einer Lebenserfahrung in Mittelalter und Renaissance, Düsseldorf 1994
Hoek s. van den Hoek
Hohl, E.: Iunius (155), in: RE VII A 1, 1918, 1085-1087
Holzhausen J. (Hg.): ψυχή – Seele – anima: Festschrift für Karin Alt zum 7. Mai 1998, Stuttgart und Leipzig 1998
Hopkins, K.: Conquerors and Slaves. Sociological Studies in Roman History 1, Cambridge 1978
Horst s. van den Horst

Hose, M.: Erneuerung der Vergangenheit: Die Historiker im Imperium Romanum von Florus bis Cassius Dio. BzA 45, Stuttgart und Leipzig 1994

Jameson, M. H. / Jordan, D. R. / Kotansky, R. D.: A *Lex Sacra* from Selinus. Greek, Roman and Byzantine Monographs 11, Durham NC 1993

Jordan, D. R.: Two Inscribed Lead Tables from a Well in the Athenian Kerameikos, in: Athen. Mitteilungen 95, 1980, 225-239

Jordan, D. R.: A Survey of Greek Defixiones Not Included in the Special Corpora, in: Greek, Roman and Byzantine Studies 26, 1985, 151-97.

Jordan, D. R.: New archaeological evidence for the practice of magic in classical Athens, in: Praktika tou xii diethnous synedriou klassikes archaiologias 1983-1984, Bd. 4, Athen 1988, 273-277

Jordan, D. R.: Curses from the waters of Sulis [= Rez. Tomlin 1988], in: Journal of Roman Archaeology 3, 1990, 437-441

Jordan, D. R.: Late Feasts for Ghosts, in: Hägg 1994, 131-143

Kähler, H.: Das Fortunaheiligtum von Palestrina Praeneste, in: Annales Universitatis Saraviensis 7, 1958, 189-240 (wieder in: Coarelli 1978, 221-272)

Kessels, A. H. M.: Ancient Systems of Dream-Classification, in: Mnemosyne 4. ser. 22, 1969, 389-424

Kessels, A. H. M.: Studies on Dreams in Greek Literature, Utrecht 1978

Kieckhefer, R. / Bond, G. D. (Hgg.): Sainthood: Its Manifestations in World Religions, Berkeley 1988

Kiley, M. u.a. (Hgg.): Prayer from Alexander to Constantine: A critical anthology, London 1997

Kippenberg, H. G. / Stroumsa, G. G. (Hgg.): Secrecy and Concealment: Studies in the History of Mediterranean and Near Eastern Religions, Leiden 1995

Kittler, F. A.: Aufschreibesysteme, München 1985

Kittler, F. A.: Daten – Zahlen – Codes, Leipzig 1998

Klinghardt, M.: Prayer Formularies for Public Recitation: Their Use and Function in Ancient Religion, in: Numen 46, 1999, 1-52

Kneppe, A.: Metus temporum: Zur Bedeutung von Angst in Politik und Gesellschaft der römischen Kaiserzeit des 1. und 2. Jhdts. n.Chr., Stuttgart 1994

Koch, G.: Sarkophage der römischen Kaiserzeit, Darmstadt 1993

Koestermann, E.: Cornelius Tacitus: Annalen, Bd. 3, Heidelberg 1967

Köves-Zulauf, Th.: Reden und Schweigen: Römische Religion bei Plinius Maior. Studia et Testimonia antiqua 12, München 1972

Krauss, F. B.: An Interpretation of the Omens, Portents, and Prodigies Recorded by Livy, Tacitus, and Suetonius, Diss. Philadelphia 1930

La divination dans le monde étrusco-italique 2. Actes de la Table ronde tenue le 22 mars 1986 à l'École normale supérieure. Caesarodunum 1986, Suppl. 54, Tours 1986

La mémoire perdue: A la recherche des archives oubliées, publiques et privées, de la Rome antique. Série Histoire Ancienne et Médiévale 30, Paris 1994

La mémoire perdue: Recherches sur l'administration romaine. Collection de l'École française de Rome 243, Rom 1998

Lambrecht, U.: Suetons Domitian-Vita, in: Gymnasium 102, 1995, 508-536

Landucci Gattinoni, F.: Iuppiter Tonans, in: Sordi 1989, 139-153

Landucci Gattinoni, F.: L'indovino Aristandro e l'eredità dei Telmessii, in: Sordi 1993, 123-138

Lang, B.: Das tanzende Wort: Intellektuelle Rituale im Frühjudentum, im Christentum und in östlichen Religionen, in: Lang 1984, 15-84

Lang, B. (Hg.): Das tanzende Wort: Intellektuelle Rituale im Religionsvergleich, München 1984
Lang, B.: Heiliges Spiel: Eine Geschichte des christlichen Gottesdienstes, München 1998
Lasaulx s. von Lasaulx
Latacz, J.: Funktionen des Traums in der antiken Literatur, in: Wagner-Simon / Benedetti 1994, 10-31
Latte, K.: Promanteia, in: Latte 1968, 193-195
Latte, K.: Kleine Schriften zu Religion, Recht, Literatur und Sprache der Griechen und Römer. München 1968
Leuci, V. A.: Dream-Technical Terms in the Graeco-Roman World, Diss. (masch.) Univ. of Missouri / Columbia 1993
Levick, B.: Claudius, New Haven und London 1990
Lewis, R. G.: Imperial Autobiography: Augustus to Hadrian, in: ANRW II 34.1, 1993, 629-706
Libero s. de Libero
LiDonnici, L. R.: The Epidaurian Miracle Inscriptions: Text, Translation, and Commentary, Atlanta 1995
Lieberg, G.: Die theologia tripertita als Formprinzip antiken Denkens, in: Rheinisches Museum 125, 1982, 25-53
Liebeschuetz, J. H. W. G.: Continuity and Change in Roman Religion, Oxford 1979
Liegle, J.: L. Aemilius Paullus als Augur maximus im Jahre 160 und das Augurium des Heils, in: Hermes 77, 1942, 249-312
Linderski, J.: The libri reconditi, in: Harvard Studies in Classical Philology 89, 1985, 207-234 (wieder in: Linderski 1995, 496-523)
Linderski, J.: The Augural Law, in: ANRW II 16.3, 1986, 2146-2312
Linderski, J.: Roman Questions, Stuttgart 1995
Loretto, F.: Träume und Traumglaube in den Geschichtswerken der Griechen und Römer, Diss. (masch.) Graz 1956
Lorsch, R. S.: Omina imperii: The Omens of Power Received by the Roman Emperors from Augustus to Domitian, Their Religious Interpretation and Political Influence, Diss. (masch.) University of North Carolina at Chapel Hill 1993
Luhmann, N.: Soziale Systeme: Grundriß einer allgemeinen Theorie, Frankfurt/M. 1987
Luhmann, N.: Die Gesellschaft der Gesellschaft. 2 Bde. Frankfurt/M. 1998a
Luhmann, N.: Religion als Kommunikation (1998b), in: Tyrell u.a. 1998, 135-145
Luterbacher, L.: Der Prodigienglaube und Prodigienstil der Römer, Burgdorf ²1904, Nachdr. Darmstadt 1967

MacBain, B.: Prodigy and Expiation: A Study in Religion and Politics in Republican Rome. Collection Latomus 177, Bruxelles 1982
Macdonald, L.: Inscritpions relatin to the sorcery in Cyprus, in: Proceedings of the Society of Biblical Archaeology 13, 1890-91, 160-190
MacMullen, R.: Enemies of the Roman Order: Treason, Unrest, and Alienation in the Empire, Cambridge Mass. 1966
Maetzke, G. (Hg.): Secondo congresso internazionale etrusco, Atti 3. Studi Etruschi, Supplemento, Rom 1989
Manuwald, B.: Traum und Traumdeutung in der griechischen Antike, in: Hiestand 1994, 15-42
Martin, L. H.: Artemidorus. Dream Theory in Antiquity, in: SCent 8, 1991, 97-108
McLuhan, M.: The Gutenberg Galaxy, London 1962 [dt.: Die Gutenberg Galaxis, Bonn 1995]

McLuhan, M.: Understanding Media, London 1964 [dt.: Die magischen Kanäle, Düsseldorf und Wien 1968]
Mikalson, J. D.: Athenian Popular Religion, Chapel Hill und London 1983
Millar, F.: A Study of Cassius Dio, Oxford 1964
Mitford, T. B.: The Inscriptions of Kourion, Philadelphia 1971
Mörth, I.: Kommunikation, in: Handwörterbuch religionswissenschaftlicher Grundbegriffe 3, 1993, 392-414
Mommsen, Th.: Römisches Staatsrecht III 2, Leipzig 1887-1888, Nachdr. Tübingen 1952
Montero Herrero, S.: Los haruspices bajo el emperador Constantino, in: Maetzke 1989, 1213-1223
Montero Herrero, S.: Politica y adivinacion en el Bajo Emperio Romano: emperadores y haruspices (193 D. C. - 408 D. C.). Collection Latomus 211, Brüssel 1991
Moog-Grünewald, M. (Hg.): Kanon und Theorie, Heidelberg 1997
Mouchová, B.: Omina mortis in der Historia Augusta, in: Bonner Historia Augusta Colloquium 1968/69. Antiquitas 4/7, Bonn 1970, 111-149
Müller, R. J.: Überlegungen zur hiera anagraphe des Euhemeros von Messene, in: Hermes 121, 1993, 276-300
Muth, R.: Einführung in die griechische und römische Religion, Darmstadt 1988
Muth, S.: Erleben von Raum – Leben im Raum: Zur Funktion mythologischer Mosaikbilder in der römisch kaiserzeitlichen Wohnarchitektur. Archäologie und Geschichte 10, Heidelberg 1998

Naveh, J. / Shaked, S.: Amulets and Magic Bowls: Aramaic Incantations from Late Antiquity, Jerusalem 1985 (^{2}1987)
Neukam, P. (Hg.): Die Antike als Begleiterin, München 1990
Newton, C. T.: A History of Discoveries at Halicarnassus, Cnidus and Branchidae, Bd. 2, London 1863
Nicols, J.: Vespasian and the partes Flavianae. Historia Einzelschriften 28, Wiesbaden 1978
Nock, A. D.: Greek Magical Papyri, in: JEA 15, 1978, 219-235 (wieder in: Nock 1972, I 176-194)
Nock, A. D.: Essays on Religion and the Ancient World, hg. v. Z. Stewart. 2 Bde. Oxford 1972
Noethlichs, K. L.: Zur Einflußnahme des Staates auf die Entwicklung eines christlichen Klerikerstandes: Schicht- und berufsspezifische Bestimmungen für den Klerus im 4. und 5. Jahrhundert in den spätantiken Rechtsquellen, in: Jahrbuch für Antike und Christentum 15, 1972, 136-153
Noethlichs, K. L.: Materialien zum Bischofsbild aus den spätantiken Rechtsquellen, in: Jahrbuch für Antike und Christentum 16, 1973, 28-59

Önnerfors, A.: Traumerzählung und Traumtheorie beim älteren Plinius, in: Rheinisches Museum 119, 1976, 352-365
Oexle, O. G. (Hg.): Memoria als Kultur, Göttingen 1995
Ogden, D.: Binding Spells, in: Ankarloo / Clark 1999, 1-90
Ogilvie, R. M.: Rez. von Frier 1979, in: Journal of Roman Studies 71, 1981, 200
Ong, W. J.: Oralität und Literalität: Die Technologisierung des Wortes, Opladen 1987
Orlin, E. M.: Temples, Religion and Politics in the Roman Republic. Mnemosyne Suppl. 164, Leiden 1996

Parke, H. W.: Greek Oracles, London 1967
Parke, H. W.: Sibyls and Sibylline Prophecy in Classical Antiquity, London und New York 1988
Parker, R.: Greek States and Greek Oracles, in: Cartledge / Harvey 1985, 298-326

Pekáry, Th.: Mors perpetua est: Zum Jenseitsglauben in Rom, in: Laverna 5, 1994, 87-103
Petropoulou, A.: The Eparche Documents and the Early Oracle at Oropos, in: Greek, Roman and Byzantine Studies 22, 1981, 39-63
Pfister, F.: Sminthia, in: RE III A 1, 1927, 726
Phillips III, C. R.: Roman Religion and Literary Studies of Ovid's Fasti, in: Arethusa 25, 1992, 55-80
Phillips III, C. R.: Walter Burkert in partibus infidelium: A Classicist Appraisal of Creation of the Sacred, in: Method and Theory in the Study of Religion 10, 1998, 92-105
Plew, J.: Quellenuntersuchungen zur Geschichte des Kaisers Hadrian nebst einem Anhange über das Monumentum Ancyranum und die kaiserlichen Autobiographien, Straßburg 1890
Plew, J.: Über die Divination in der Geschichtsschreibung der römischen Kaiserzeit, in: Festschrift L. Friedländer, Leipzig 1895, 360-381
Pöhlmann, W.: Die heidnische, jüdische und christliche Opposition gegen Domitian: Studien zur neutestamentlichen Zeitgeschichte, Diss. Erlangen-Nürnberg 1966
Potter, D.: Prophets and Emperors: Human and Divine Authority from Augustus to Theodosius. Revealing Antiquity 7, Cambridge Mass. und London 1994
Potter, T. W.: Una stipe votiva da Ponte di Nona. Lavori e studi di archeologia 13, Rom 1989
Preisendanz, K.: Papyri Graecae Magicae: Die griechischen Zauberpapyri. 2 Bde. Leipzig 1928-1931; Neuausgabe v. A. Henrichs, Stutgart 1973-1974 ("PGM")
Preisendanz, K.: Die griechischen und lateinischen Zaubertafeln, in: Archiv für Papyrusforschung 9, 1930, 119-154
Preisendanz, K.: Pachrates, in: RE XVIII 2, 1942, 2071-2074
Preisendanz, K.: Fluchtafel, in: Reallexikon für Antike und Christentum VIII, Stuttgart 1972, 1-29
Price, S. R. F.: Rituals and Power: The Roman imperial cult in Asia Minor, Cambridge 1984
Price, S. R. F.: The Future of Dreams: From Freud to Artemidorus, in: Past and Present 113, 1986, 3-37
Pritchett, W. K.: The Greek State at War, Bd. 3, Berkeley 1979
Pulleyn, S.: Prayer in Greek Religion, Oxford 1997

Questa, C.: Messalina, *meretrix augusta*, in: Raffaelli 1995, 399-423

Raffaelli, R. (Hg.): Vicende e figure femminili in Grecia e a Roma, Ancona 1995, 399-423
Rawson, E.: The Prodigy Lists and the Use of the Annales Maximi, in: Classical Quarterly 21, 1971, 158-169
Rawson, E.: Caesar, Etruria and the Disciplina Etrusca, in: Journal of Roman Studies 68, 1978, 132-152
Reimann, H.: Kommunikations-Systeme: Umrisse einer Soziologie der Vermittlungs- und Mitteilungsprozesse. Heidelberger Sociologica 7, Tübingen 1968
Reverdin, O. / Grange, B. (Hgg.): Le sacrifice dans l'Antiquité Classique, Vandoeuvres und Genf 1981
Rogers, R. S.: A Tacitean Pattern in Narrating Treason-Trials, in: Transactions and Proceedings of the American Philological Association 83, 1952, 279-311
Rohde, G.: Die Kultsatzungen der römischen Pontifices, Berlin 1936
Roques, D.: Hérodien: Histoire des empereurs romains de Marc-Aurèle à Gordien III (180 ap. J.-C. - 238 ap. J.-C.), Paris 1990
Rosenberger, V.: Gezähmte Götter: Das Prodigienwesen der römischen Republik. HABES 27, Stuttgart 1998

Rouse, W. H. D.: Greek Votive Offerings, Cambridge 1902
Rubin, Z.: Civil-War Propaganda and Historiography. Coll. Latomus 173, Brüssel 1980
Rüpke, J.: Domi militiae: Die religiöse Konstruktion des Krieges in Rom, Stuttgart 1990
Rüpke, J.: Priesternamen und die annales maximi, in: Klio 75, 1993, 155-179
Rüpke, J.: Kalender und Öffentlichkeit: Die Geschichte der Repräsentation und religiösen Qualifikation von Zeit in Rom. RGVV 40, Berlin 1995a
Rüpke, J.: Fasti: Quellen oder Produkte römischer Geschichtsschreibung?, in: Klio 77, 1995b, 184-202
Rüpke, J.: Innovationsmechanismen kultischer Religionen: Sakralrecht im Rom der Republik, in: Cancik 1996, 265-285
Rüpke, J.: Kognitive Einheit ritueller Sequenzen? Zur kommunikativen Funktion kalendarischer Gattungen in Rom, in: Binder / Ehlich 1997, 191-223
Rüpke, J.: Kommensalität und Gesellschaftsstruktur: Tafelfreu(n)de im alten Rom, in: Saeculum 49, 1998, 193-215
Rüpke, J.: Apokalyptische Salzberge: Zum sozialen Ort und zur literarischen Strategie des 'Hirten des Hermas', in: Archiv für Religionsgeschichte 1, 1999a, 148-160
Rüpke, J.: Antike Großstadtreligion, in: Batsch u.a. 1999b, 11-29
Rüpke, J.: Sprach- und Medienwandel: Lateinische Epen in der römischen Republik (2001a), in: Rüpke 2001, 47-71
Rüpke, J.: Sakrament (2001b), in: Cancik u.a. 2001 *im Druck*
Rüpke, J. (Hg.): Von Menschen und Göttern erzählen: Formkonstanzen und Funktionswandel vormoderner Epik. Potsdamer altertumswissenschaftliche Beiträge 3, Stuttgart 2001 *im Druck*

Scheer, T. S.: Die Gottheit und ihr Bild: Untersuchungen zur Funktion griechischer Kultbilder in Religion und Politik, München 2000
Scheid, J.: Contraria facere: Renversements et déplacements dans les rites funéraires, Annali dell'Istituto Universitario Orientale, in: Archeologia e storia antica 6, 1984, 117-129
Scheid, J.: Polytheism impossible or the empty gods: Reasons behind a void in the history of Roman religion, in: History and Anthropology 3, 1987, 303-325
Scheid, J.: Rituel et écriture à Rome, in: Bondeau / Schipper 1990, 1-15
Scheid, J.: Myth, Cult and Reality in Ovid's Fasti, in: Papers of the Cambridge Philological Society 38, 1992, 118-131
Scheid, J.: Die Parentalien für die verstorbenen Caesaren als Modell für den römischen Totenkult, in: Klio 75, 1993, 188-201
Scheid, J.: Les archives de la piété: Réflexions sur les livres sacerdotaux, in: La mémoire perdue 1994, 173-185
Scheid, J.: Livres sacerdotaux et érudition: l'exemple des chapelles des Argées, in: Batsch u.a. 1999, 161-170
Schmidt, H.: Veteres philosophi quomodo iudicaverint de precibus, RGVV IV 1, Gießen 1907
Schmidt, M. G.: Die 'zeitgeschichtlichen' Bücher im Werke des Cassius Dio von Commodus zu Severus Alexander, in: ANRW II 34.3, 1997, 2591-2649
Schmidt, M. G.: Politische und persönliche Motivation in Dios Zeitgeschichte, in: Zimmermann 1999b, 93-117
Schwabl, H.: Textkritische Nachlese zu Artemidor, in: Museum Criticum 25-28, 1990-93, 343-367
Schwarzlöse, W.: De titulis sepulcralibus Latinis quaestiones capita quattuor, Diss. Halle 1913
Schwenn, F.: Gebet und Opfer: Studien zum griechischen Kultus, Heidelberg 1927
Scramuzza, V. M.: The Emperor Claudius, Cambridge Mass. 1940, Nachdr. Rom 1971

Settis, S. (Hg.): Noi e i Greci. I Greci: storia, cultura, arte, società I, Turin 1996
Sherwin-White, A. N.: The Letters of Pliny: A Historical and Social Commentary, Oxford ²1985
Shulman D. / Stroumsa, G. G. (Hgg.): Dream Cultures: Explorations in the Comparative History of Dreaming, New York und Oxford 1999
Sijpesteijn, P. J.: A New Document Concerning Hadrian's Visit to Egypt, in: Historia 18, 1969, 109-118
Simmel, G.: Soziologie, Berlin ⁵1968
Smith, J. Z.: The Bare Facts of Ritual, in: Smith 1982, 53-65
Smith, J. Z.: Imagining Religion: From Babylon to Jonestown. Chicago Studies in the History of Judaism, Chicago 1982
Sokolowski, F.: Lois Sacrées de l'Asie Mineure, Paris 1955
Sokolowski, F.: Lois sacrées des cités grecques: Supplement, Paris 1962
Sokolowski, F.: Lois sacrées des cités grecques, Paris 1969
Solin, H.: Eine neue Fluchtafel aus Ostia, Societas Scientiarum Fennica – Commentationes Humanarum Litterarum XLII 3, Helsinki 1968
Solin H. u.a. (Hgg.): Acta Colloquii Epigraphici Latini Helsingiae 3.-6. Sept. 1991 habiti. Commentationes Humanarum Litterarum 104, Helsinki 1995
Sordi, M. (Hg.): Fenomeni naturali e avvenimenti storici nell'antichità, Mailand 1989
Sordi, M. (Hg.): La profezia nel mondo antico, Mailand 1993
Sourvinou Inwood, Ch.: Further Aspects of Polis Religion, in: AION 10, 1988, 259-74
Sourvinou-Inwood, Ch.: 'Reading' Greek Death: To the End of the Classical Period, Oxford 1995
Speyer, W.: Bücherfunde in der Glaubenswerbung der Antike, Göttingen 1970
Speyer, W.: Das Buch als magisch-religiöser Kraftträger im griechischen und römischen Altertum, in: Ganz 1993, 35-63 (wieder in: Speyer 1995, 28-55)
Speyer, W.: Geheimgehaltene Überlieferungen und Schriften in der Antike, in: Neukam 1990, 91-109 (wieder in: Speyer 1995, 9-27)
Speyer, W.: Religionsgeschichtliche Studien, Hildesheim u.a. 1995
Staal, J. F.: The Meaninglessness of Ritual, in: Numen 26, 1979, 2-22
Staal, J. F.: Universals: Studies in Indian Logic and Linguistics, Chicago 1988
Staal, J. F.: Agni 1990. With an Appendix by H. F. Arnold, in: van den Hoek u.a. 1992, 650-676
Steiner, D. T.: The Tyrant's Writ, Myths and Images of Writing in Ancient Greece, Princeton 1994
Steiner, G.: The Historicity of Dreams (Two Questions to Freud), in: Salmagundi 61, 1983, 6-21
Stietencron s. von Stietencron
Stolz, F.: Grundzüge der Religionswissenschaft, Göttingen 1988
Stolz, F.: Effekt und Kommunikation: Handlung im Verhältnis zu anderen Kodierungsformen von Religion, in: Tyrell u.a. 1998, 301-322
Straten s. van Straten
Strocka, V. M. (Hg.): Die Regierungszeit des Kaisers Claudius (41-54 n.Chr.): Umbruch oder Episode?, Mainz 1994
Stuckrad s. von Stuckrad
Sudhaus, S.: Lautes und leises Beten, in: Archiv für Religionswissenschaft 9, 1906, 185-200
Syme, R.: Domitian: The Last Years, in: Chiron 13, 1983, 121-146

Tatum, W. J.: Cicero's Oppositon to the Lex Clodia de Collegiis, in: Classical Quarterly 40, 1990, 187-194

Taylor, L. R.: Party Politics in the Age of Caesar. Sather Classical Lectures 22, Berkeley [7]1975
Thulin, C. O.: Die etruskische Disciplin, 3 Bde. Göteborg 1905-1909, Nachdr. Darmstadt 1968
Tomlin,R.S.O.: The Curse Tablets, in: Cunliffe 1988, 59-227 [auch einzeln u.d.T. Tabellae Sulis, Oxford 1988]
Torelli, M.: Elogia Tarquiniensia. Studi e materiali di etruscologia e antichità italiche 15, Florenz 1975
Toynbee, J. M. C.: Death and Burial in the Roman World, London 1971
Turner, V.: The Forest of Symbols: Aspects of Ndembu Ritual, Ithaca und London 1967
Tyrell, H.: Handeln, Religion und Kommunikation: Begriffsgeschichtliche und systematische Überlegungen, in: Tyrell u.a. 1998, 83-134
Tyrell, H. (Hgg.): Religion als Kommunikation. Religion in der Gesellschaft 4, Würzburg 1998

Ulf, Ch. / Rollinger, R. (Hgg.): Geschlechter – Frauen – Fremde Ethnien in antiker Ethnographie, Theorie und Realität, Innsbruck 2001 *im Druck*
Uthemann, K.-H. / Görgemanns, H.: Diatribe, in: Der Neue Pauly III, 1997, 530-533

van den Hoek, A. W. u.a. (Hgg.): Ritual, State and History in South Asia: Essays in Honour of J. C. Heesterman. Memoirs of the Kern Institute 3, Leiden 1992
van den Horst, P. W.: Silent Prayer in Antiquity, in: Numen 41, 1994, 1-25
van der Eijk, P. J.: Aristoteles: De insomniis, De divinatione per somnum. Aristoteles Werke in deutscher Übersetzung 14 III, Berlin 1994
van Straten, F. T.: Did the Greeks kneel before their Gods?, in: Bulletin van de Vereniging tot Bevordering van de Antieke Beschaving 49, 1974, 159-189
van Straten, F. T.: Gifts for the Gods, in: Versnel 1981, 65-151
Versnel, H. S.: Religious Mentality in Ancient Prayer, in: Versnel 1981, 1-64
Versnel, H. S. (Hg.): Faith, Hope and Worship: Aspects of Religious Mentality in the Ancient World. Studies in Greek and Roman Religion 2. Leiden 1981
Versnel, H. S.: Inconsistencies in Greek and Roman Religion 1: Ter unus. Isis, Dionysos, Hermes. Three Studies in Henotheism. Studies in Greek and Roman Religion 6, Leiden 1990
Veyne, P.: Titulus praelatus: offrande, solennisaton et publicité dans les ex-voto grécoromains, in: Revue Archéologique 1983, 281-300
von Hesberg, H.: Römische Grabbauten, Darmstadt 1992
von Lasaulx, E.: Die Gebete der Griechen und Römer, Studien des klassischen Altertums, Regensburg 1854
von Stietencron, H. (Hg.): Der Name Gottes, Düsseldorf 1975
von Stietencron, H. (Hg.): Angst und Gewalt: Ihre Präsenz und ihre Bewältigung in den Religionen, Düsseldorf 1979
von Stietencron, H. (Hg.): Theologen und Theologien in verschiedenen Kulturkreisen, Düsseldorf 1986
von Stuckrad, K.: Das Ringen um die Astrologie: Jüdische und christliche Beiträge zum antiken Zeitverständnis. RGVV 49, Berlin 2000

Wachsmuth, D.: ΠΟΜΠΙΜΟΣ Ο ΔΑΙΜΩΝ: Untersuchung zu den antiken Sakralhandlungen bei Seereisen, Berlin 1967
Wagner, F.: De ominibus quae ab Augusti temporibus usque ad Diocletiani aetatem Caesaribus facta traduntur, Diss. Jena 1888
Wagner-Simon, T. / Benedetti, G. (Hgg.): Traum und Träumen, Göttingen 1994

Walde, C.: Dream Interpretation in a Prosperous Age? Artemidorus, the Greek Interpreter of Dreams, in: Shulman / Stromsa 1999, 121-142
Wallace-Hadrill, A.: Suetonius: The Scholar and his Caesars, New Haven und London 1983
Wandhoff, H.: Der epische Blick: Eine mediengeschichtliche Studie zur höfischen Literatur, Berlin 1996
Weber, E.: Zur Entstehung der lateinischen Grabinschriften, in: Solin u.a. 1995, 253-261
Weber, G.: Traum und Alltag in hellenistischer Zeit, in: ZRGG 50, 1998, 22-39
Weber, G.: Herrscher und Traum in hellenistischer Zeit, in: Archiv für Kulturgeschichte 81, 1999a, 1-33
Weber, G.: Artemidor und sein 'Publikum', in: Gymnasium 106, 1999b, 209-229
Weber, G.: Kaiser, Träume und Visionen in Prinzipat und Spätantike, Historia Einzelschriften 143, Stuttgart 2000a
Weber, G.: Kaiser, Träume und Visionen in Prinzipat und Spätantike, in: Historische Zeitschrift 270, 2000b, 99-117
Weber, W.: Untersuchungen zur Geschichte des Kaisers Hadrianus, Leipzig 1907, Nachdr. Hildesheim 1973
Weinreich, O.: Theoi Epekooi, in: Athen. Mitteilungen 37, 1912, 1-68
Weinstock, St.: Obnuntiatio, in: RE XVII 2, 1937, 1726-35
Wellesley, K.: The Long Year A. D. 69, London 1975
Wilhelm, A.: Über die Zeit einiger attischer Fluchtafeln, in: Jahreshefte des Österreichischen Archäologischen Instituts, 7, 1904, 105-126
Wilson, St. (Hg.): Saints and their Cults: Studies in religious sociology, folklore and history, Cambridge 1983 ([2]1985)
Winiarczyk, M.: Ennius' Euhemerus sive Sacra historia, in: Rheinisches Museum 137, 1994, 274-291
Winkler, J. J.: Der gefesselte Eros: Sexualität und Geschlechterverhältnis im antiken Griechenland, Marburg 1994 (= Taschenbuch Munchen 1997; engl. 1990)
Winkler, L.: Salus: Vom Staatskult zur politischen Idee. Archäologie und Geschichte 4, Heidelberg 1995
Wiseman, T. P.: Historiography and Imagination: Eight Essays on Roman Culture. Exeter Studies in History, Exeter 1994
Wiseman, T. P.: Remus: A Roman Myth, Cambridge 1995
Wiseman, T. P.: The Origins of Roman Historiography, in: Wiseman 1994, 1-22 und 119-124
Wissowa, G.: Religion und Kultus der Römer, München [2]1912
Wolf, J. G.: Claudius Iudex, in: Strocka 1994, 145-156
Wood, S.: Messalina, Wife of Claudius: Propaganda Successes and Failures of his Reign, in: Journal of Roman Archaeology 5, 1992, 219-234
Wülker, L.: Die geschichtliche Entwicklung des Prodigienwesens bei den Römern, Leipzig 1903
Wünsch, R.: Inscriptiones Atticae: Defixionum Tabellae, Inscriptiones Graecae III Appendix, Berlin 1897, Nachdr. Chicago 1976 und Berlin 1977 ("DTA")
Wünsch, R.: Sethianische Verfluchungstafeln aus Rom, Leipzig 1898
Wünsch, R.: The limestone inscriptions of Tell Sandahannah, in: Bliss / Macalister 1902, 158-187
Wünsch, R.: Ein Dankopfer an Asklepios, in: Archiv für Religionswissenschaft 7, 1904, 95-116

Zanker, P.: Augustus und die Macht der Bilder, München 1987 ([3]1997)
Zanker, P.: Pompei: Società, immagini urbane e forme dell'abitare. Turin 1993

Zevi, F.: Il santuario della Fortuna Primigenia a Palestrina, in: ivi 16, 1979, 2-22

Ziebarth, E.: Neue Verfluchungstafeln aus Attika, Boiotien und Euboia, in: Sitzungsberichte der Preuß. Akademie der Wissenschaften, Berlin, phil.-hist. Kl. 33, 1934, 1022-1150

Ziehen, L.: Hiereis, in: RE VIII 2, 1913, 1411-1424

Zimmermann, M.: Kaiser und Ereignis: Studien zum Geschichtswerk Herodians. Vestigia 52, München 1999a

Zimmermann, M. (Hg.): Geschichtsschreibung und politischer Wandel im 3. Jh. n.Chr. Historia Einzelschriften 127, Stuttgart 1999b

Ziolkowski, A.: The Temples of Mid-Republican Rome and their Historical and Topographical Context. Saggi di Storia antica 4, Rom 1992

Zu den Autoren

Kai Brodersen (*1958), Professor für Alte Geschichte an der Universität Mannheim, ist derzeit Visiting Professor an der University of Newcastle upon Tyne (Großbritannien).

Veit Rosenberger (*1963), Privatdozent für Alte Geschichte an der Universität Augsburg, ist derzeit Visiting Professor an der University of Atlanta in Georgia (USA).

Jörg Rüpke (*1962) war Professor für Latinistik an der Universität Potsdam und ist jetzt Professor für Vergleichende Religionswissenschaft an der Universität Erfurt.

Tanja Scheer (*1964) war Stipendiatin der Gerda-Henkel-Stiftung am Deutschen Archäologischen Institut in Rom und ist jetzt Privatdozentin für Alte Geschichte an der Universität München.

Gregor Weber (*1961), Privatdozent für Alte Geschichte an der Katholischen Universität Eichstätt, ist soeben auf die Professur für Alte Geschichte an die Universität Erfurt berufen worden.